Weisheit im Märchen

Weisheit im Märchen
Herausgegeben von Theodor Seifert

Angela Waiblinger

Rumpelstilzchen

Gold statt Liebe

Kreuz Verlag

2. Auflage (8.–10. Tausend) 1984

Umschlagfoto: Siegfried Himmer
Gestaltung: Hans Hug
ISBN 3-268-00010-X

Inhalt

Vorwort

Es ereignet sich gar nicht so selten, daß der Weg eines Menschen einer uralten Bahn folgt, wie sie in Märchen und in Mythen beschrieben ist. Die Grundfragen an das Leben, die Nöte und Hoffnungen des Menschen haben sich nur wenig verändert, auch sie werden vom ewig Menschlichen in uns geprägt und geformt. Die heutigen mit Geld und Gold verbundenen Glücksvorstellungen sind denen unserer Vorfahren sehr ähnlich. Unsere Machtpolitiker gleichen den goldgierigen Königen alter Zeiten, und großsprecherische Väter zwingen in jeder Generation ihre Töchter und Söhne in Bahnen, die ihnen nicht gemäß sind. Solche Zwänge führen zu schweren Beeinträchtigungen der seelischen und körperlichen Lebensfähigkeit, wenn nicht andere Kräfte hilfreich eingreifen, meist gerade jene, die in den genannten Elternhäusern verachtet oder verboten waren. Sehr oft sind es Gefühle, Ahnungen oder die liebende Beziehung, die der wirtschaftlichen und politischen Wirklichkeit geopfert werden. Dafür herrscht der technische Geist des Machbaren, selbst Stroh zu Gold zu spinnen, gilt als eine Kleinigkeit. Die anderen hilfreichen und für den weiteren Lebenslauf entscheidenden Kräfte der Seele werden nicht oder nur in Notzeiten gehört, wie sich bei der Müllerstochter zeigt, als sie Königin geworden ist.

Wie bedeutsam die bleibende Verbindung mit den aus der eigenen Tiefe kommenden Fähigkeiten und Zielen sein kann, zeigt die Lebensgeschichte der in diesem Band geschilderten Frau. Ihr war Rumpelstilzchen spontan in ihrer Phantasie erschienen, und sie lernte mit ihm zu leben. Dieser Geist, der aus der Erde kam, wurde für sie ein heilsamer Führer. Offenheit und Respekt, Vertrauen und Gehorsam gegenüber dem erkannten inneren Weg und seinen Bedingungen sind einige der Themen, die dieses Märchen vermittelt.

Es gibt gute Gründe, nur der Vernunft zu trauen, es gibt aber bessere, gerade sie in ein umfassenderes Lebenskonzept einzubeziehen.

Lassen Sie das Märchen in Ruhe auf sich wirken. Spüren Sie dem nach, was es in Ihnen anregt, lassen Sie sich verzaubern von der ihm eigenen Kraft und Vision, lassen Sie sich von Ihren eigenen Reaktionen überraschen.

Märchen sind Ratgeber und Vor-Bilder in den verschiedensten Lebenslagen und Schwierigkeiten. An ihnen können wir uns deshalb vertrauensvoll orientieren, weil hinter ihnen nicht die persönliche Absicht eines bestimmten Autors steht. Hier ist allerdings zu bemerken, daß die kritische Forschung berechtigte Zweifel hegt, inwieweit die Brüder Grimm, deren Texten wir in dieser Reihe weitgehend folgen, wirklich die ursprünglichen Erzählungen vorgelegt und diese nicht doch wesentlich verändert haben. Trotzdem gilt, daß die Grundstruktur der

Märchen, das hat die vergleichende Forschung mit hinreichender Sicherheit ergeben, immer erkennbar und mit der vieler Märchen aus anderen Kulturkreisen vergleichbar ist.

Märchen sind Bilder der Seele. Deshalb ist es beim Lesen eines Märchens zu empfehlen, nicht sofort kritisch nachzudenken oder sich über Ungereimtheiten zu ärgern, weil sie »in Wirklichkeit« unmöglich sind – zum Beispiel die Verwandlung eines Frosches in einen Prinzen im Froschkönig –, sondern sich der Welt dieser Bilder einmal zu öffnen und sich ihrer Wirkung zu überlassen. Sie sprechen für sich, und sie reden auf eine andere Weise zu uns, als es die Sprache der Wissenschaft oder der Mathematik tut. Bilder sagen zudem mehr als tausend Worte. Jeder versteht ohne Schwierigkeiten, wenn der Charakter eines Menschen mit einem schwankenden Rohr im Winde verglichen wird, vielleicht noch mit dem Zusatz, daß er sein Mäntelchen nach dem Wind hängt. Wollte man diese Bilder übersetzen, bräuchte man viele Zeilen, um ihren Inhalt einigermaßen wiederzugeben. In diesem Sinne sind Märchen vielsagende und vielschichtige Bilder. Wir wissen heute, daß wir bei unserer Orientierung im Leben auf die Welt der Bilder angewiesen sind. Unsere Hirnstruktur ermöglicht diese Auffassung und Verarbeitung. Komplexe wissenschaftliche Zusammenhänge werden ebenfalls oft in einem Bild ausgedrückt, »zum besseren Verständnis«. Solche Schaubilder sagen mehr aus als Zahlentabellen. Wollte man die Verkehrszeichen oder Warnungstafeln, wie sie an unseren Wegen stehen, alle verwörtern, die Folgen wären unabsehbar. Die Bilder haben ihren eigenständigen Platz in unserer Welt, sie sind unersetzbar und unverzichtbar.

Dies sind nur einige Gesichtspunkte, die den Zugang zu der großen und in so vieler Hinsicht bereichernden Welt der Märchen öffnen sollen. Auch wenn ich Ihnen einige weitere Literaturhinweise gebe, an denen Sie sich orientieren können, bleibt am wichtigsten, daß Sie dem Märchen und seinem Text ganz offen und direkt begegnen. Lassen Sie sich von ihm führen und anregen, dann werden Sie den gesuchten Schatz auch finden.

Einige Hinweise zur Literatur:

Die Autoren dieser Reihe haben sich bei den Texten der Märchen an folgende Ausgabe gehalten: *Kinder- und Hausmärchen. Gesammelt durch die Brüder Grimm, 2 Bände, Manesse Verlag*

Wenn Sie sich, wie eben angeregt, weiter mit diesem Thema beschäftigen möchten, so empfehlen Ihnen die Autoren dieser Reihe folgende Bücher:

von Franz, Marie-Louise: Das Weibliche im Märchen, Stuttgart 1977

Birkhäuser-Oeri, Sibylle: Die Mutter im Märchen, Stuttgart 1976

Dieckmann, Hans: Gelebte Märchen, Hildesheim 1978

Kast, Verena: Wege aus Angst und Symbiose im Märchen, Olten 1981.

Diese Werke behandeln weitere große Lebensthemen, die in unserer Reihe nicht berücksichtigt werden konnten. Sie enthalten darüber hinaus wichtige Ergänzungen, die der persönlichen Vertiefung und Bereicherung dienen.

Theodor Seifert

Rumpelstilzchen

Es war einmal ein Müller, der war arm, aber er hatte eine schöne Tochter. Nun traf es sich, daß er mit dem König zu sprechen kam, und um sich ein Ansehen zu geben, sagte er zu ihm: »Ich habe eine Tochter, die kann Stroh zu Gold spinnen.« Der König sprach zum Müller: »Das ist eine Kunst, die mir wohlgefällt; wenn deine Tochter so geschickt ist, wie du sagst, so bring sie morgen in mein Schloß, da will ich sie auf die Probe stellen.« Als nun das Mädchen zu ihm gebracht ward, führte er es in eine Kammer, die ganz voll Stroh lag, gab ihr Rad und Haspel und sprach: »Jetzt mache dich an die Arbeit, und wenn du diese Nacht durch bis morgen früh dieses Stroh nicht zu Gold versponnen hast, so mußt du sterben.« Darauf schloß er die Kammer selbst zu, und sie blieb allein darin.

Da saß nun die arme Müllerstochter und wußte um ihr Leben keinen Rat: sie verstand gar nichts davon, wie man Stroh zu Gold spinnen konnte, und ihre Angst ward immer größer, daß sie endlich zu weinen anfing. Da ging auf einmal die Türe auf, und trat ein kleines Männchen herein und sprach: »Guten Abend, Jungfer Müllerin, warum weint sie so sehr?« – »Ach«, antwortete das Mädchen,

»ich soll Stroh zu Gold spinnen und verstehe das nicht.« Sprach das Männchen: »Was gibst du mir, wenn ich dir's spinne?« – »Mein Halsband«, sagte das Mädchen. Das Männchen nahm das Halsband, setzte sich vor das Rädchen, und schnurr, schnurr, schnurr, dreimal gezogen, war die Spule voll. Dann steckte es eine andere auf, und schnurr, schnurr, schnurr, dreimal gezogen, war die zweite voll: und so ging's fort bis zum Morgen, da war alles Stroh versponnen, und alle Spulen waren voll Gold. Bei Sonnenaufgang kam schon der König, und als er das Gold erblickte, erstaunte er und freute sich, aber sein Herz ward nur noch goldgieriger. Er ließ die Müllerstochter in eine andere Kammer voll Stroh bringen, die noch viel größer war, und befahl ihr, das auch in einer Nacht zu spinnen, wenn ihr das Leben lieb wäre. Das Mädchen wußte sich nicht mehr zu helfen, da ging abermals die Türe auf, und das kleine Männchen erschien und sprach: »Was gibst du mir, wenn ich dir das Stroh zu Gold spinne?« – »Meinen Ring von dem Finger«, antwortete das Mädchen. Das Männchen nahm den Ring, fing wieder an zu schnurren mit dem Rade und hatte bis zum Morgen alles Stroh zu glänzendem Gold gesponnen. Der König freute sich über die Maßen bei dem Anblick, war aber noch immer nicht Goldes satt, sondern ließ die Müllerstochter in eine noch größere Kammer voll Stroh bringen und sprach: »Die mußt du noch in dieser Nacht verspinnen: gelingt dir's aber, so sollst du meine Gemahlin werden.« – Wenn's auch eine Müllerstochter ist, dachte er, eine reichere

Frau finde ich in der ganzen Welt nicht. Als das Mädchen allein war, kam das Männlein zum drittenmal wieder und sprach: »Was gibst du mir, wenn ich dir noch diesmal das Stroh spinne?« – »Ich habe nichts mehr, das ich geben könnte«, antwortete das Mädchen. »So versprich mir, wenn du Königin wirst, dein erstes Kind.« Wer weiß, wie das noch geht, dachte die Müllerstochter und wußte sich auch in der Not nicht anders zu helfen; sie versprach also dem Männchen, was es verlangte, und das Männchen spann dafür noch einmal das Stroh zu Gold. Und als am Morgen der König kam und alles fand, wie er gewünscht hatte, so hielt er Hochzeit mit ihr, und die schöne Müllerstochter ward eine Königin.

Über ein Jahr brachte sie ein schönes Kind zur Welt und dachte gar nicht mehr an das Männchen: da trat es plötzlich in ihre Kammer und sprach: »Nun gib mir, was du versprochen hast.« Die Königin erschrak und bot dem Männchen alle Reichtümer des Königreichs an, wenn es ihr das Kind lassen wollte: aber das Männchen sprach: »Nein, etwas Lebendes ist mir lieber als alle Schätze der Welt.« Da fing die Königin so an zu jammern und zu weinen, daß das Männchen Mitleiden mit ihr hatte: »Drei Tage will ich dir Zeit lassen«, sprach es, »wenn du bis dahin meinen Namen weißt, so sollst du dein Kind behalten.«

Nun besann sich die Königin die ganze Nacht über auf alle Namen, die sie jemals gehört hatte, und schickte einen Boten über Land, der sollte sich erkundigen weit und breit, was es sonst noch für

Namen gäbe. Als am andern Tag das Männchen kam, fing sie an mit Kaspar, Melchior, Balzer und sagte alle Namen, die sie wußte, nach der Reihe her, aber bei jedem sprach das Männlein: »So heiß ich nicht.« Den zweiten Tag ließ sie in der Nachbarschaft herumfragen, wie die Leute da genannt würden, und sagte dem Männlein die ungewöhnlichsten und seltsamsten Namen vor: »Heißt du vielleicht Rippenbiest oder Hammelswade oder Schnürbein?« Aber es antwortete immer: »So heiß ich nicht.« Den dritten Tag kam der Bote wieder zurück und erzählte: »Neue Namen habe ich keinen einzigen finden können, aber wie ich an einen hohen Berg um die Waldecke kam, wo Fuchs und Has sich gute Nacht sagen, so sah ich da ein kleines Haus, und vor dem Haus brannte ein Feuer, und um das Feuer sprang ein gar zu lächerliches Männchen, hüpfte auf einem Bein und schrie:

»Heute back ich, morgen brau ich,
Übermorgen hol ich der Königin ihr Kind;
Ach, wie gut ist, daß niemand weiß,
daß ich Rumpelstilzchen heiß!«

Da könnt ihr denken, wie die Königin froh war, als sie den Namen hörte, und als bald hernach das Männlein hereintrat und fragte: »Nun, Frau Königin, wie heiß ich?« fragte sie erst: »Heißest du Kunz?« – »Nein.« – »Heißest du Heinz?« – »Nein.«

»Heißt du etwa Rumpelstilzchen?«

»Das hat dir der Teufel gesagt, das hat dir der Teufel gesagt«, schrie das Männlein und stieß mit dem rechten Fuß vor Zorn so tief in die Erde, daß es bis an den Leib hineinfuhr, dann packte es in seiner Wut den linken Fuß mit beiden Händen und riß sich selbst mitten entzwei.

Einleitung

Ich bin Psychotherapeutin geworden, weil ich nicht mit Aggressionen umgehen konnte; weder mit denen, die andere mir entgegenbrachten, noch mit meinen eigenen. »Ich habe keine«, sagte ich damals und baute mir eine schöne Ideologie auf: »Die Welt ist voller Auseinandersetzungen, Streit und Krieg, da möchte ich nicht mitmachen, ich bin für den Frieden und gehe mit gutem Beispiel voran, indem ich friedvoll lebe.« Deshalb wollte ich Therapeutin werden, um anderen zu helfen, in Frieden leben zu können. In meiner eigenen Analyse, die zur Ausbildung gehörte, versuchte ich, den Analytiker von meiner Friedensidee zu überzeugen. Er hörte es sich wohlwollend an, lächelte und schwieg. Ich war enttäuscht, denn ich hatte gehofft, er würde mich voll Freude und Begeisterung für meine gute Gesinnung loben. So hätte es jedenfalls meine Mutter getan. Aber Therapeuten lernen, Klienten nicht in ihren alten, unguten Verhaltensmustern zu bestätigen, sondern sie neue, bessere finden zu lassen. Deshalb schweigen sie oft recht lange, worüber Menschen, die keine oder keine gute Analyse erlebt haben, mitunter Witze machen. In den Witzen sieht es zum Beispiel so aus, daß der Patient auf der Couch liegt und wie ein Wasserfall redet, während der Analytiker dahinter in einem tiefen Sessel sitzt und schläft. In Wirklichkeit ist es nicht so. Manchmal sitzt der Klient auch in einem Sessel, und der Therapeut schläft in keinem Fall. Im Gegenteil, er muß hellwach sein und alles ganz genau registrieren. Er wartet nämlich auf den richtigen Zeitpunkt, in dem er dann das Richtige sagen muß. In meinem oben geschilderten Fall hätte der Analytiker nur meinen Widerstand hervorgerufen, wenn er mir seine Ansicht über meine Friedensideologie gesagt hätte, denn ich war geradezu besessen von meiner Überzeugung. Möglicherweise hätte ich sogar meine Analyse bei ihm abgebrochen und mir jemand anderen gesucht.

Im Laufe der Jahre erlebte ich – nicht nur im Rückblick, sondern auch ganz aktuell – Situationen, in denen Ausbeutung, Unterdrückung, Ungerechtigkeit und Verrat mir begegneten und mich verwirrt und hilflos zurückließen. Von Frieden war weit und breit keine Spur, etwas anderes glaubte ich nicht zu kennen. Endlich jedoch erkannte ich, worauf es wirklich ankommt: Die Menschen um mich herum werden nicht besser, wenn ich mich nicht wehre. Im Gegenteil, mein Gutsein um jeden Preis steigert noch ihre Wut. Nachdem mir jemand eines Tages sagte: »Dein Bestreben, stets die Gute zu sein, ärgert mich wahnsinnig, ich erlebe das als moralischen Hochmut«, sah ich, was ich mit meiner »Edel-Haltung« mit den anderen machte: ich wertete sie ab. Es war, als würde ich sagen: »Ihr seid die Primitiven, die toben und schreien, wenn euch 'was nicht paßt – ich bin die Erhabene, bei der so eine niedere Reaktion einfach nicht vorkommt.« Von dem Zeitpunkt an arbeitete ich an der Änderung meines Verhaltens – das war zunächst mit viel Angst verbunden –, und ich beschäftigte mich viel mit Fragen über Aggressionen, Wut und Zorn. Ich bin froh über die Erfahrungen, die ich hiermit gemacht habe, und glaube, sie kommen meiner Arbeit als Therapeutin sehr zugute.

In meiner Praxis biete ich manchmal den Patienten folgende Übung an:

»Setzen Sie sich so bequem wie möglich auf Ihren Stuhl oder in Ihren Sessel und versuchen Sie, sich völlig zu entspannen. Atmen Sie dazu tief ein und folgen Sie beim Ausatmen den sich zusammenziehenden Muskeln Ihres Brustkorbs und Ihres Bauchs nach innen. Bei den nächsten Atemzügen lassen Sie bewußt nach und nach alle Muskeln locker, vor allem die Waden, Oberschenkel, Schultern und Arme. Schließen Sie die Augen und denken eine Zeitlang an nichts außer an Ihren Körper, lassen Sie Ihre Gedanken nur Ihrem Atem folgen. Stellen Sie sich nun vor, Sie sind wieder das Kind, das Sie einmal waren, lassen Sie sich 4, 5 oder 6 Jahre alt sein. Bleiben Sie eine Weile bei diesem Alter und schauen Sie sich an, was da spontan in Ihnen auftaucht. Nun denken Sie an ein Märchen oder an eine Geschichte, die in diesem Alter für Sie wichtig war, die Sie damals beeindruckt hat. Achten Sie darauf, was Ihnen alles dazu einfällt.«

Wenn der Patient ein Märchen oder eine Geschichte aus seiner Kindheit gefunden hat, fordere ich ihn auf, das Märchen in einem Satz zusammenzufassen. In dieser Zusammenfassung wird meist eine wichtige Linie seiner Lebensgeschichte deutlich; es zeigt sich, daß das Märchenmotiv einer im Leben des Patienten immer wieder ähnlich ablaufenden Situation gleicht. Das kann die Grundlage für ein Bewußtwerden des bisher unbewußt laufenden Lebensplanes sein und damit auch der Anfang einer Änderung beziehungsweise Heilung. Es ist oft ganz erstaunlich, was sich daraus ergibt und wie mit einem Schlag bislang sehr geheimnisvolle und daher angstmachende Verhaltensweisen klar werden können. Mit dieser Klarheit tritt immer auch eine Verminderung unbestimmter, diffuser Ängste ein. »Jetzt fühle ich mich sehr erleichtert«, sagen die meisten. Mitunter taucht nach einiger Zeit auch spontan ein Märchen auf. Darüber freue ich mich jedesmal, denn es trägt stets ganz wesentlich zu einer tiefen Einsicht in die Verhaltensabläufe zurückliegender Geschichten bei. Allerdings geschieht dies häufiger bei introvertierten Menschen, also bei denen, die sich viel mit dem beschäftigen, was in ihnen vorgeht.

Ich möchte im folgenden die Geschichte einer Frau erzählen, die *ihr* Märchen wiedergefunden hat – allerdings nicht bei einer Übung, wie ich sie geschildert habe. Das Besondere an dieser Geschichte ist – und deshalb habe ich sie aufgeschrieben –, daß sich die Analyse der Lebensgeschichte der Frau in recht poetischer Weise dargestellt hat. Bei künstlerisch veranlagten Menschen ist das keine Seltenheit. Für einen Therapeuten ist die Arbeit mit so einem Klienten natürlich besonders anregend und wertvoll, denn alles durch die Kunst Offenbarte berührt stets Stellen der Seele dessen, der damit konfrontiert wird. Dadurch erfährt auch das Bewußtsein des Betrachters eine Bereicherung. Lassen Sie sich also jetzt durch einen Teil Seelenlandschaft führen; folgen Sie mir in das Reich der Phantasie, in dem auch Ihre Träume, Ihr noch unentdecktes Wesen, Ihre andere Wirklichkeit im Verborgenen liegen. Versuchen Sie mit mir dem Sinn des »Rumpelstilzchen« nachzuspüren.

Der Geist, der aus der Erde kommt

Es ist Abend in der Welt. Noch liegen helle Flekken der letzten Sonnenstrahlen über dem Land, noch singen ein paar Vögel in den Baumwipfeln, noch spielen drei übermütige Schmetterlinge zwischen den Wiesenblumen; doch die Schatten der Nacht ziehen unhaltbar herauf.

Ich gehe durch den Wald, der Weg ist steinig und schmal. Hier ist nichts mehr zu hören vom Lärm des Dorfes, hier ist es ganz still. Auch die Vögel sind verstummt. Vor mir liegt jetzt eine kleine Lichtung, dahinter ragt ein mächtiger Berg in die Höhe. Ich suche mir einen Platz auf dem noch warmen Grasboden gegenüber dem Berg und warte.

Vielleicht bin ich inzwischen eingeschlafen, und es sind viele Jahre rückwärts gelaufen, ich weiß es nicht. Als ich die Augen öffne, sehe ich vor mir ein kleines Wesen, das mich unverwandt anschaut.

»Wer bist Du?« frage ich.

Es schüttelt verneinend den Kopf und bleibt weiter reglos stehen. Aha – so fragt man nicht gleich, weiß ich jetzt.

Ich sage: »Ich möchte Dich gerne kennenlernen, magst Du mit mir sprechen?«

Da lacht es und antwortet: »Ja, komm nur mit,

ich zeige Dir alles.« Es läuft voraus, ich gehe hinterher und sehe ihm zu, wie es eifrig zu hantieren beginnt. Offensichtlich freut es sich, einen Gast in seiner kleinen Welt zu haben. Während es so vergnügt hin- und herläuft, betrachte ich es von allen Seiten. Es ist so groß wie ein etwa vier- bis fünfjähriges Kind, und es hat auch ein Gesicht wie ein Kind. Aber gleichzeitig sieht es aus wie ein Erwachsener, ja sogar wie ein uralter Greis. Trotzdem ist es ein Kind. Ganz jung und ganz alt in einem. Es nickt mit dem Kopf, als hätte es meine Gedanken erraten, und sagt: »Wo das eine aufhört, fängt das andere an. Es gehört immer beides zusammen.«

»Was heißt das: Es gehört immer beides zusammen?«

»Schau«, antwortet es und zeigt mit seiner winzigen Hand in die Ferne, »gerade war es noch hell, jetzt ist es dunkel. Die Sonne hat dem Mond Platz gemacht. Wie Sonne und Mond, hell und dunkel sich ergänzen, so gehören alle Gegensätze zusammen und müssen sich immer wieder abwechseln.«

»Das verstehe ich, das ist sinnvoll. Gilt das aber auch für gut und böse?«

Sein kleines Gesicht ist auf einmal sehr ernst. Es schaut mich aus großen dunklen Augen an, in denen ich Trauer zu sehen glaube, und sagt: »Ja, für gut und böse gilt das auch. Wo das eine ist, muß das andere sein. Doch jetzt werde ich das Essen holen.« Damit läuft es eilig um einen Busch herum und ist nicht mehr zu sehen. Ich setze mich auf einen Baumstumpf und denke über unseren Dialog nach. Mir gefällt das mit gut und böse nicht. Ich möchte nur gut sein. Ich nehme mir vor, darauf noch zu sprechen zu kommen.

Jetzt kommt das Wesen, das aussieht wie ein Kind und spricht wie ein Weiser, zurück. Es breitet schnell und geschickt eine Menge Eßbares vor mir aus und fordert mich auf zum Zugreifen, während es selbst ein Schlückchen Wasser aus einer kleinen Holzschale trinkt. Sonst nimmt es nichts zu sich. Ich bin neugierig und beginne wieder mit meinen Fragen: »Sag, wer bist Du, wie heißt Du, wo kommst Du her, was machst Du?«

Es schüttelt den Kopf, daß seine Haare fliegen und im Mondschein glänzen wie Gold. »Die ersten beiden Fragen beantworte ich Dir nicht, die letzten beiden gern.«

Nachdem es ein paar Holzstücke aufeinandergestapelt und darunter ein Feuer angezündet hat, setzt es sich mir gegenüber und schaut mich eine Weile schweigend an. Es beginnt zu sprechen: »Ich komme aus der Erde. Schau auf Deine Füße, sie stehen auf meiner Mutter. Alles, was Du rings um Dich siehst, hat sie hervorgebracht. Was ich Dir zu essen gebracht habe, stammt von ihr. Sie ist gut, groß und spendend. Sie hat einen warmen Schoß und weiche Arme, in Hülle und Fülle schenkt sie ihre Gaben.«

Es schließt einen Moment die Augen, als genieße es die Kostbarkeiten, von denen es sprach. Dann öffnet es die Augen, starrt mich durchdringend an und fährt fort: »Sie ist aber auch kalt und böse. Sie zerstört und vernichtet erbarmungslos, was sie geschaffen hat. Sie schickt Schnee und Eis, öffnet ihren gierigen Schlund und verschlingt ihre eigenen Kinder.«

Mich schaudert. Ich fühle auf einmal, wie Angst und Entsetzen in mir hochsteigen. Ich denke an kalte, glitschige Kröten und Schlangen und merke, wie ich am ganzen Leib zu zittern beginne. Mir ist, als sei der Wald plötzlich voller Gespenster, als irrten Tote im fahlen Mondlicht zwischen den Bäumen umher. Modergeruch dringt in meine Nase.

Da pustet das Kind neben mir kräftig ins Feuer, daß die Flammen hoch auflodern, und der Spuk ist jäh zu Ende. Mir wird wieder warm, und die Angst verflüchtigt sich.

Mein kleiner Gesprächspartner schaut mich prüfend an. »Dir war gerade unheimlich zumute, nicht wahr?« Ich nicke stumm. »Siehst Du, so gehört das Gegensätzliche zusammen: Leben und Sterben, Geburt und Tod, Sommer und Winter. Das alles ist meine Mutter, und ich diene ihr, ich bewache ihre Schätze und pflege sie.«

Es rückt ein wenig näher, lächelt und sagt: »Ich möchte auch Dir dienen, wenn Du magst. Ich kann Dich reich und glücklich machen.«

»Oh, das sind ja wunderbare Aussichten.« Ich bin erstaunt und erfreut.

Es lacht. »Ich weiß, wo eine Menge Reichtümer für Dich liegen. Sie sollen Dir gehören, wenn Du mich zu Deinem Vertrauten machst.«

Ich betrachte das kleine Wesen noch einmal ganz genau, und da ist mir, als blickte ich in meine eigenen Augen. Plötzlich weiß ich gar nicht mehr genau, ob ich »ich, der erwachsene Mensch« oder ob ich »selbst das Kind« bin. Ich fühle, wie große Freude mich durchströmt, wie sie mein Herz weitet, wie tiefer

Atem mich erwärmt, und meine, des Kindes, Augen strahlen.

Die junge Frau, die mir gegenüber sitzt, klappt ihr Heft zu, aus dem sie mir diese Geschichte vorgelesen hat, und lächelt mich zaghaft an.

»Das ist, was ich in meiner Phantasie erlebt habe«, sagt sie, »ich habe es nicht geträumt, ich war ganz wach dabei und hab' dann gleich alles aufgeschrieben.«

Ich antworte: »Das ist gut, daß Sie aufschrieben, was Sie sich aus dem Unbewußten geholt haben. Meinen Glückwunsch, Sie haben einen ganz wichtigen und wesentlichen Teil Ihres Selbst kennengelernt.«

Ich bin wirklich froh über diese Entwicklung, denn die Patientin ist sehr depressiv. Als sie das erste Mal zu mir kam, klagte sie: »Ich habe zu nichts mehr Lust, fühle mich oft wie gelähmt, habe überhaupt keinen Antrieb. Mein Leben ist so sinnlos, ich kann einfach nichts Richtiges tun, schaffe meine Arbeit nicht mehr, sitze da und heule. Dann habe ich ein schlechtes Gewissen, und das drückt mich noch mehr hinunter. Es ist, als säße ich in einem tiefen Loch. Nachts kann ich nicht schlafen, ich habe große Angst, weiß aber nicht wovor. Ich fühle mich so hilflos.«

Eine Depression entsteht, wenn Lebenskräfte in einem Menschen nicht zum Leben verwendet werden, das heißt zur Bewältigung seiner täglichen Aufgaben oder zur Befriedigung von Bedürfnissen und

Interessen, sondern zur Abwehr unerwünschter Impulse aus dem Inneren. Solche unerwünschten Impulse sind zum Beispiel Ärger, Wut und Zorn oder Trauer. Es kann verschiedene Ursachen haben, warum diese Gefühle, die jeder Mensch in sich trägt, nicht ins Bewußtsein treten dürfen. Meistens spielen Erfahrungen aus der frühen Kindheit eine entscheidende Rolle dabei; die Eltern haben nicht erlaubt, daß das Kind ärgerlich oder wütend ist. Das Kind kann also den Umgang mit diesen Gefühlen nicht lernen, und deshalb läßt der Erwachsene sie nicht zu, sondern schiebt sie in die hinterste Kammer seines inneren »Hauses« und hält mit aller Kraft die Türe zu dem verbotenen Raum zu.

Jetzt, da meine Patientin dieses hilfreiche kleine Wesen in ihrer Seele gefunden hat, ist sie nicht mehr allein mit ihren Ängsten. Ich sage ihr, daß sie jeden Tag für eine gewisse Zeit in ihrer Phantasie zu diesem weisen Kind gehen und mit ihm sprechen soll. Sie verspricht, es zu tun.

Das Geheimnis des Namens

»Warum nur macht es ein Geheimnis aus seinem Namen?« fragt sie mich in der nächsten Sitzung.

»Haben Sie es danach gefragt?« möchte ich wissen.

»Ja, aber es antwortet darauf nur, daß es seinen Namen nicht sagen will.«

»Dann müssen Sie seinen Wunsch wohl respektieren«, meine ich.

»Das fällt mir sehr schwer, schließlich muß man doch wissen, mit wem man es zu tun hat.«

Mir fällt ihre gereizte Stimme, ihr mürrischer Gesichtsausdruck und das »man« in ihrem Satz auf. Ich weise sie darauf hin. Sie reagiert abweisend, ihre Augen strahlen plötzlich eine Kälte aus, die ich an ihr noch nie wahrgenommen hatte. Ich warte schweigend ab, was sie als nächstes tun oder sagen wird. Sie schaut mich herausfordernd mit stechendem Blick an und bemerkt nach einer Weile in aggressivem Ton: »In einer Beziehung muß Klarheit herrschen, jeder muß die gleichen Rechte haben. Geheimniskrämerei kann ich nicht ausstehen. Es ist einfach ungerecht, daß nur einer den Namen des anderen weiß.« Auch darauf antworte ich nichts, weil ich weiß, jetzt ist sie von einem Teil ihres Wesens, das sich nur in Allgemeinheiten äußert, geradezu besessen, und alles, was ich sagen würde, prallte nur gegen die Mauer ihres Meinungsgebäudes. Sie schweigt mit zusammengekniffenen Lippen und verabschiedet sich zur gegebenen Zeit kühl und hoheitsvoll.

Ich denke noch eine Weile über sie nach, versuche zu verstehen, was in ihr vorgegangen sein mag. Sie ist in einem nach strengen Regeln geführten Elternhaus aufgewachsen, in dem die Mutter das Regiment führte. Der Vater war eher schwach, er entzog sich so weit wie möglich den beißenden Moralpredigten seiner Frau, indem er das Haus verließ und sich am Stammtisch oder in seinen verschiedenen Vereinen für die häuslichen Demütigungen schadlos hielt. Dort prahlte er, wie er Frau und Tochter »Zucht und Ordnung« beibringe und wie beide ihm das mit hervorragenden Leistungen dankten: »Meine Frau ist die perfekteste Hausfrau, und meine Tochter ist in der Schule weit besser als alle anderen.«

Die Patientin litt als Kind sehr unter diesen Prahlereien, die ihr von Klassenkameradinnen, deren Väter ebenfalls dem Stammtisch oder den Vereinen angehörten, hinterbracht wurden. Einerseits setzte sie sich dadurch selbst unter Druck, um die Erwartungen des Vaters zu erfüllen, andererseits bekam sie starke Schuldgefühle und Angst, weil sie merkte, daß sie nicht das gesetzte Ziel erreichte. Die Ängste verhinderten, daß sie sich konzentrieren konnte, und ihre Leistungen sanken ab, statt zu steigen. Oft lag sie nachts voller Angst wach im Bett und weinte. Sie erreichte das Klassenziel in höheren Klassen nur dadurch, daß sie heimlich Nachhilfestunden nahm und dafür ihr ganzes Taschengeld opferte.

Kaum hatte sie die Schule hinter sich gebracht, heiratete sie Hals über Kopf einen um fünfzehn Jahre älteren Mann aus der reichsten und angesehensten Familie des Ortes. Für sie war sein Heiratsantrag eine willkommene Gelegenheit, das Elternhaus, in dem sie so unglücklich war, zu verlassen, zumal ja ein sehr angenehmer Lebensstil sie erwartete. Er nahm sie zur Frau, weil ihre Schönheit und Intelligenz, von der er durch die Geschichten ihres Vaters gehört hatte, ihn faszinierten.

Anfangs ging auch alles recht gut, sie genoß das großzügige Leben an seiner Seite. Aber nach der Geburt des zweiten Kindes wurde sie zunehmend depressiv und plagte sich mit Selbstmordgedanken. Weder sie noch ihr Mann verstanden diesen Zustand, denn äußerlich hatte sie doch alles, was sie sich nur wünschen konnte: einen angesehenen Mann, zwei gutgeratene, gesunde Kinder, die ihr kaum Schwierigkeiten bereiteten, ein schönes Haus am Rande einer Großstadt, ein eigenes Auto, jährliche Urlaubsreisen und keinerlei Geldsorgen.

Es war ihr damals noch nicht bewußt, daß ihr etwas Entscheidendes fehlte, nämlich die entsprechenden Anforderungen an ihren Geist. Außer der Vermittlung von Schulwissen hatte sie keinerlei geistige Anregung erfahren. Da gab es noch ein großes Stück Brachland in der Entwicklung ihrer Persönlichkeit. Deshalb bewegte sie sich so viel in Allgemeinplätzen, die meistens mit: ». . . man muß doch schließlich . . .« oder ». . . man darf doch nicht etwa . . .« begannen und von einer unpersönlichen Kälte begleitet wurden. Ich denke, wir werden noch harte Arbeit miteinander zu verrichten haben, bis sie sich aus ihrem elterlichen Meinungssystem herausgeschält und zu ihrer ureigenen Individualität gefunden hat.

Als sie das nächste Mal kommt, laufen ihr, kaum sitzt sie auf ihrem Stuhl, Tränen über die Wangen, und weinend berichtet sie, daß »jetzt wirklich alles aus ist«.

Ich höre, was sie erlebt hat:

»Nach der letzten Stunde bei Ihnen bin ich wieder in meiner Phantasie in den Wald gegangen und hab mein kleines Naturkind gesucht. Die Sache mit dem Namen hat mir nämlich keine Ruhe gelassen, ich *mußte* es einfach fragen. Mir fiel vorher ein, daß dieses Wesen Ähnlichkeit mit dem Rumpelstilzchen aus dem Märchen hat, und als es dann kam . . .« (von heftigem Schluchzen geschüttelt, kann sie nur stokkend weitersprechen) »fragte ich es . . . ganz kühl . . . heißt Du etwa Rumpelstilzchen . . . und da wie im Märchen . . . zerriß es sich in Stücke vor Wut . . .«

Ich bin betroffen und weiß einen Moment lang nicht, was ich sagen soll. Ihr Unbewußtes hat sich offensichtlich für ihre Anmaßung »alles wissen zu wollen« gerächt. Wie kann ich jetzt weiter vorgehen? Ich sage: »Es wird wohl gut sein, wenn wir über das Geheimnis des Namens noch einmal sprechen.«

Nachdem sie sich langsam beruhigt hat, sagt sie unvermittelt: »Ich bin als Kind nicht getauft worden.«

Mich überrascht dieser Satz.

Sie schaut mich mit groß aufgerissenen Kinderaugen an, ihr Atem geht schneller, ich sehe, wie ihr Herz klopft.

»Deswegen hab ich immer Angst gehabt, daß Gott mich nicht kennt und mir auch keinen Schutzengel schicken kann.«

Wieder bricht sie in Tränen aus, ihr zarter Körper zittert, und ich beginne etwas von der Einsamkeit des Kindes, das sie einmal war, zu verstehen.

Es dauert lange, bis sie weiterspricht:

»Meine Eltern haben mich lange nur mit einem Spitznamen gerufen, den ich überhaupt nicht ausstehen konnte. Meinen richtigen Namen benutzten sie nur, wenn ich was angestellt hatte, der klang dann sehr streng. Als ich vierzehn war, ging ich zu unserem Pfarrer und hab' mich am Sonntag vor Ostern taufen lassen. Das war gut für mich, ich hab' nie vorher so ein starkes Gefühl von Geborgenheit gespürt wie an diesem Sonntag. Nun gehörte ich dazu.«

Sie schaut mich an und lächelt, ihr Gesicht sieht aus wie das eines glücklichen Kindes. Aber das dauert nur ein paar Minuten. Ihr fällt die Geschichte mit Rumpelstilzchen wieder ein: »Ich verstehe jetzt, was ich falsch gemacht habe. Ich hab' kein Vertrauen und keine Geduld gehabt. Ich hab' nur an mich gedacht, nur was ich wollte, war mir wichtig, ich war rücksichtslos gegenüber seinen Wünschen.«

Ich sage: »Die Beziehung war noch nicht stabil genug.«

Sie nickt. »Ja, ich wollte nicht warten, bis es mich in sein Geheimnis einweiht. Ich war wirklich undankbar, vor allem weil es mir ja helfen und mich beschenken wollte.« Sie sieht sehr bekümmert aus.

»Aber das ist ja gar nicht mehr das Wichtigste für mich. Ich bin sehr traurig darüber, daß es sterben mußte.« Und leise, mit tiefem Ernst in der Stimme, fügt sie hinzu: »Es ist, als müßte ich mit ihm sterben.«

Ich weiß, daß das für sie stimmt und daß sie jetzt eine Zeit des Sterbens erleben wird. Ich kann ihr dabei nicht viel helfen, aber ich sage ihr, daß ich es verstehe und daß ich sie begleiten werde.

Das Sterben ist eine wichtige Phase in einer psychotherapeutischen Behandlung. Es gilt, alte, »liebgewordene« Vorstellungen über sich und andere oder über das Leben überhaupt sterben zu lassen und zu begraben, um einer neuen Sichtweise Platz zu schaffen. In dieser Zeit wird der größte Teil der seelischen Energie für den Prozeß der Umwandlung gebraucht, und der Betroffene glaubt oft, sein Leben habe keinen Sinn mehr, er fühlt sich wie tot, es scheint keine Lebendigkeit mehr in ihm zu sein. Es ist eine sehr bedrückende Zeit, in der es keine Hoffnung auf Besserung gibt. Die Tage, die man in diesem Zustand verbringt, scheinen zu Jahren, die Monate zur Ewigkeit zu werden, es tauchen Gedanken an Selbstmord auf. Mit solchen Selbstmordphantasien zeigt die Seele in symbolischer Form, daß die bisherige Lebensstruktur nicht mehr lebenswert und daher zum Tode verurteilt ist.

Auch für den Therapeuten stellt die Phase des Sterbens eine Belastung dar, denn es gibt keine Sicherheit dafür, daß der Patient den Selbstmord nicht tatsächlich ausführt.

In der dunklen Nacht der Seele

»Ich fühle Hoffnungslosigkeit.
Was macht mich verloren
für den Glauben an die Welt?

Ich fühle Verlassenheit.
Warum bin ich geboren,
wenn niemand da ist, der mich hält?

Ich fühle Kälte.
Wo kann ich es finden,
der Sonne wärmendes Licht?

Ich fühle Härte.
Was bringt sie zum Schwinden,
damit sie mich nicht zerbricht?«

Dieses Gedicht mit den vier Fragezeichen bringt die Patientin zu einer der nächsten Sitzungen mit. Sie ist unglücklich und verzweifelt. Es gibt keine Träume mehr des Nachts – sie kann sich zumindest an keine erinnern –, an denen wir uns orientieren könnten. So bleibt uns nichts anderes übrig, als abzuwarten, was das Unbewußte mit ihr vorhat, und im wahrsten Sinne des Wortes »Geduld zu üben«. Sie arbeitet währenddessen an den Erinnerungen aus ihrer Vergangenheit. Es ist eine Vergangenheit, die vorwiegend aus »sich anpassen an die Wünsche der Eltern« besteht. Eigene Bedürfnisse hat sie schon früh unterdrückt und lernte zunehmend, ihre Gefühle unter Kontrolle zu halten.

»Durften Sie denn nicht fühlen, wonach Ihnen gerade zumute war?« frage ich.

»Nein, wenn ich zum Beispiel mal über was ärgerlich war und die Tür zuknallte, mußte ich zurückkommen und die Tür mindestens zehnmal so leise auf- und zumachen, daß davon absolut nichts zu hören war.«

»Und wie war es, wenn Sie mal so richtig wütend waren?«

Sie reißt erstaunt ihre Augen auf, dann lacht sie – es klingt verächtlich.

»Das gab's nicht bei uns. Ich hätte nie gewagt, Wut zu zeigen.«

»Haben Sie denn Wut gespürt?«

»Ein paarmal schon. Das war schrecklich! Es war, als müsse ich platzen, als stehe ich unter Starkstrom. So stell' ich mir eine Hinrichtung auf dem elektrischen Stuhl vor.«

Sie schaudert, zieht eng die Arme um ihren Körper zusammen.

»Was wäre denn geschehen, wenn Sie mal Ihre Wut herausgelassen hätten?«

Sie schweigt eine Weile nachdenklich. Dann sagt sie: »Meine Mutter hätte mich für Stunden in die dunkle Besenkammer gesperrt, das tat sie oft, wenn ihr was nicht an mir gefiel, und mein Vater hätte gesagt: ›Schämst Du Dich nicht?‹ Ich hätte mich fürchterlich geschämt.«

»Ist das auch heute noch so, daß Sie sich schämen, wenn Sie sich mal ›gehen lassen‹?«

Sie nickt. »Ja, eigentlich lasse ich mich nie gehen, und wenn mir mal was rausrutscht, zum Beispiel ›verdammt noch mal‹, dann schäme ich mich sehr.«

Wir sprechen noch eine Weile über diese Scham, und ich erfahre, daß sie sich schon als kleines Mädchen wie eine richtige »Dame« verhalten mußte.

»Und wie ist es heute?« frage ich. »Müssen Sie sich heute auch wie eine richtige Dame benehmen?«

»Ja, natürlich. Deswegen hat mich mein Mann doch geheiratet.«

»Was würde denn wohl Ihr Mann machen, wenn Sie mal wie ein Droschkenkutscher richtig fluchen würden?«

»Er würde mich verachten.«

Ich bin überrascht. »Er würde Sie verachten? Liebt er Sie denn nicht?«

Nun beginnt sie zu weinen.

»Ich weiß es nicht, ich bin nicht sicher. Ja, er sagt, er liebt mich. Manchmal glaube ich es, manchmal nicht. Ich weiß wirklich nicht, woran ich bin. Ich denke schon, daß er mich verachten würde. Oder nicht? Ich weiß es nicht – ich . . . ich bin verwirrt.«

Meine Frage hat offenbar einen wunden Punkt bei ihr getroffen: Sie ist nicht sicher, ob sie geliebt wird, war sich dessen wohl nie sicher. Ist sie sicher, daß sie liebt? Auch diese Frage beantwortet sie mit »Ich weiß nicht«.

Mir ist klar, daß ich ihren Komplex berührt habe; das heißt, daß ich mit meiner Frage »Liebt er sie denn nicht?« die Stelle in ihr getroffen habe, an der alle Fäden ihrer Neurose zusammenlaufen. Dieser Komplex bedeutet für sie: Ich werde nur geliebt, wenn . . . wenn ich mich anpasse, wenn ich meine Bedürfnisse zurückstelle, wenn ich meine Gefühle unterdrücke, wenn ich etwas leiste, wenn ich nicht ich selbst bin, sondern so, wie die anderen mich haben möchten.

Sie unterbricht meine Gedanken mit der traurigen Feststellung: »Ich werde nur geliebt, wenn ich Unmögliches vollbringe – zum Beispiel Stroh zu Gold spinne.«

»So war es bisher«, sage ich.

Sie schaut mich an – gibt es einen Hoffnungsschimmer in ihrem Blick?

»Ich weiß es nicht«, sagt sie.

Zaghaft beginnt ihre Seele sich ihr wieder zu öffnen. Zunächst in Form von Gedichten, die sie in den folgenden Wochen mitbringt. Noch sind sie traurig und voller Zweifel:

Dunkle Schatten, graue Schleier,
dicht gewoben, rings umher.
Kalte Nebelschwadenarme
ziehen gierig mich hinab
in die Tiefe meiner unerfüllten Liebe Grab.

Und ich falle – falle – falle –
ist da niemand, der mich hält?

Schweigen lastet
auf den Zweigen
meiner Hoffnung.

Und die Schreie
ungestillter Sehnsucht
verhallen lautlos in der Nacht.

Sie bringt mir ihre Gedichte mit ausdruckslosem Gesicht und sagt jedesmal ironisch: »Da, für Ihre Sammlung.«

Ich lege die Blätter, die nachlässig aus einem Block herausgerissen sind, in die für sie bestimmte Mappe und sage: »Das sind Kostbarkeiten, die aus Ihrer Seele kommen. Ich werde sie sorgfältig für Sie aufbewahren.«

Sie erwidert nichts darauf, beginnt die üblichen Klagen über ihre depressive Gestimmtheit oder verfällt auch für lange Zeit in Schweigen. Ich ermuntere sie, weiter an ihren Gedichten zu arbeiten, sie in ein Buch zu schreiben oder ein Bild dazu zu malen. Nichts von alledem tut sie. Ihre Passivität nimmt beängstigende Formen an. Sie vernachlässigt mehr und mehr ihren Haushalt, ihre Kinder und sich selbst, beginnt Schlaftabletten zu nehmen und öfter auch zu viel Alkohol zu trinken.

Da verschließt sich das Unbewußte wieder. Sie bringt jetzt außer ihren Klagen nichts mehr mit, keine Gedichte, keine Träume, keine Phantasien. Es ist ein Weg durch die Dunkelheit ihrer Seele.

»Ich will nur noch sterben«, sagt sie eines Tages. »Mein Leben ist sinnlos, ich kann es einfach nicht mehr ertragen.«

»Gut«, antworte ich, »sprechen wir über den Tod.«

»Aber ich hab' doch Angst davor«, platzt es erschrocken aus ihr heraus, und ich sehe wieder in ihre weitaufgerissenen Kinderaugen. »Deswegen wollen Sie sterben, weil Sie Angst vor dem Tod haben?« frage ich.

»Ja«, antwortet sie, »ja, ich habe schreckliche Angst vor dem Tod.«

Sie beginnt zu zittern, auf ihrem Gesicht zeichnet sich Entsetzen ab.

»Sie haben Angst«, sage ich, »weil Sie die Schattenseite Ihrer Seele noch nicht kennen.«

»Meine Schattenseite? Wie ist die?«

»Erinnern Sie sich an Ihre erste Imagination, als Sie Ihr weises Kind fanden? Es erzählte Ihnen doch von den Gegensätzen.«

Sie sieht nachdenklich aus. »Ich will darüber nachdenken«, sagt sie und geht.

Endlich fängt das Unbewußte an, sich ihr wieder zu offenbaren – hervorgerufen durch ihren Entschluß, ernsthaft über ein Problem nachzudenken, und sie bringt das nächste Mal einen Tagtraum mit:

»Ich sehe mich in einem offenen Sarg liegen, er ist in einer Halle aufgebahrt und von einem Meer weißer Blumen umgeben. Acht große Kerzen brennen, vier rechts, vier links. Ich trage auch eine Kerze und gehe zum Kopfende des Sarges. Da öffnet sich der Boden, und der Sarg versinkt in der Tiefe. Die Kerzen erlöschen, ich stehe in vollkommener Dunkelheit da, habe aber überhaupt keine Angst. Ich schließe die Augen und warte. Plötzlich höre ich eine Stimme, die ruft: ›Komm!‹ Als ich die Augen öffne, befinde ich mich in einem anderen Raum, er ist sehr groß, wie ein Tempel. In der Mitte steht ein alter

Mann in einem weißen Gewand. Er winkt mir, daß ich zu ihm komme. Vor ihm ist ein in den Steinboden eingelassenes Wasserbecken. Er bedeutet mir, hinzuknien. Jetzt weiß ich plötzlich, was ich zu tun habe: Ich tauche meine Hände in das Wasser und wasche mein Gesicht. Dann stehe ich auf, der Alte reicht mir eine goldene Schale, die angefüllt mit Wasser ist. Er sagt: ›Geh!‹ und ich bewege mich auf ein großes Portal zu, das sich von selbst öffnet. Draußen empfängt mich heller Sonnenschein. Es ist Sommer, und ich gehe auf einem Weg zwischen Kornfeldern hindurch und besprühe die Ähren mit meinem Wasser aus der Schale, die sich gar nicht leert. Endlich gelange ich in ein Dorf, in dem ein buntes, lautes Fest auf dem Marktplatz gefeiert wird. Überall sind Tische und Bänke aufgestellt, es gibt in Hülle und Fülle zu essen und zu trinken. Die Leute hier scheinen auf mich gewartet zu haben, sie begrüßen mich mit lautem Hallo und nehmen mich in ihre Mitte. Ich lache und tanze mit ihnen.«

Dieser Tagtraum kündigt das Ende der dunklen Nacht in der Seele der jungen Frau an. Er faßt das Geschehen, das sich in den vergangenen Monaten in ihr abgespielt hat, in symbolischer Weise zusammen und trägt durch die bildhafte Ausdrucksform zu dessen Verständnis bei. Es ist nicht immer nötig, daß Träume auf ihre Bedeutung hinterfragt werden, insbesondere nicht bei Träumen, die eine so reichhaltige Symbolik aufweisen wie dieser. Es genügt, wenn sie aufgeschrieben und erzählt werden. Meine Patientin spricht auch nicht weiter darüber. Sie schweigt lange, es sieht aus, als höre sie in sich hinein.

»Was geht jetzt in Ihnen vor?« frage ich schließlich. Langsam kehrt ihr Blick zu mir zurück.

»Ich weiß eigentlich gar nicht, wer ich bin und wie ich bin«, sagt sie dann. »Wenn ich ein Bild male, ein Gedicht schreibe, wenn so ein Tagtraum in mir aufsteigt oder ich in meiner Phantasie eine Märchenwelt erlebe, kann ich danach gar nicht glauben, daß ich das bin, die das geschrieben hat. Es ist, als gäbe es jemanden in mir, der all das bewerkstelligt. Ich bin mir selbst dann sehr fremd.«

»Sie sind noch nicht identisch mit Ihrer anderen Seite«, sage ich.

Sie nickt. »Ich muß es mir immer wieder ganz klarmachen, daß ich das auch bin, daß die Gestalten, die in mir auftauchen, auch Teile von mir selbst sind.«

»Ja, es ist wichtig, daß Sie sich das bewußt machen«, bestätige ich.

»Dann ist auch Rumpelstilzchen ein Teil von mir?«

»Ja, Rumpelstilzchen ist genauso ein Teil von Ihnen, wie es Teil einer jeden menschlichen Seele ist. Es ist Bild für einen seelischen Inhalt geworden.«

»Für welchen Inhalt?«

»Sicher sieht er in jedem Menschen ein bißchen anders aus. Finden Sie Ihren Aspekt.«

Als sie sich verabschiedet, sind ihre Augen sehr ernst, und sie sagt: »Ich habe verstanden, daß es außer meiner persönlichen Vergangenheit auch eine Vergangenheit gibt, die alle Menschen gemeinsam haben. Ich fühle mich gut aufgehoben, ja richtig geborgen darin und den anderen zugehörig.«

Warum Rumpelstilzchen sterben mußte

Da das Märchen vom Rumpelstilzchen in der Seele meiner Patientin ganz spontan während der psychotherapeutischen Behandlung auftauchte, las ich das Märchen wieder, um besser zu verstehen, wohin der Weg dieser Frau führt, und um auch ein neues Verständnis für die Aussage des Märchens zu gewinnen.

Es ist übrigens häufig der Fall, daß sich während der Arbeit mit der Seele eine alte, schon vor vielen hundert Jahren beschriebene Geschichte – ein Mythos, eine Sage oder ein Märchen – einstellt und plötzlich ganz aktuell wird. Denn früher haben die Menschen ja ähnliches mit sich und ihren Reaktionen erfahren wie wir heute. Nur haben wir für einiges inzwischen andere Namen gefunden, zum Beispiel sagen wir statt ›Gold‹ (im übertragenen Sinne, wie es im Märchen gemeint ist) ›höchste Werte‹, ›Ideale‹ oder statt ›König‹ ›oberstes Prinzip‹. Solche Geschichten werden natürlich nicht wortwörtlich wieder erlebt. Meist erkennt man jedoch den Rahmen der Handlung, und oft erscheinen einige Stellen sehr genau. In dem Fall, den ich hier schildere, ist der Rahmen des Rumpelstilzchen-Märchens gut zu erkennen: Die Patientin litt als Kind unter den Prahlereien ihres Vaters wie die Müllerstochter im Märchen. Sie spürte die Angst, die in sie gesetzten Erwartungen nicht erfüllen zu können, wie diese, und sie opferte für die Hilfe, die sie in Anspruch nahm, ihr ganzes Taschengeld, wie die Müllerstochter Halsband und Ring gab. Zwar mußte sie nicht Stroh zu Gold spinnen, aber genauso Unmögliches wurde von ihr erwartet: daß sie ihre Gefühle unterdrückt, sie gar nicht zur Kenntnis nimmt. Sie hätte sonst nicht, wie die Müllerstochter, sterben müssen, doch sie wäre von ihren Eltern nicht geliebt worden, und das ist für ein Kind gleichbedeutend mit dem Sterben seiner Seele.

Vielleicht kennen Sie das selbst aus Ihrem Leben oder wissen es von anderen: viele Kinder werden von ihren Eltern – ich sage es jetzt einmal sehr kraß – »ausgebeutet«. Sie sollen oft das erfüllen, was die Eltern, aus welchen Gründen auch immer, nicht konnten oder durften, lernen, leisten, eine höhere Schule besuchen, Abitur machen, studieren, Arzt, Rechtsanwalt, Diplomingenieur, Studien- oder besser noch Oberstudienrätin, Diplompsychologin, Diplomdolmetscherin – möglichst im Auswärtigen Amt –, oder sonst etwas Höheres, Besseres werden. Dazu sollen diese strebsamen Nachkömmlinge wahre Ausbunde an »mustergültigem Verhalten« sein, ordentlich, höflich, bescheiden und sittsam. Sie müssen natürliche Impulse »beherrschen«, dürfen beim Essen weder rülpsen noch schmatzen, dürfen nicht nach Herzenslust fluchen oder schimpfen, wenn ihnen etwas nicht gelingt, von schreien und toben gar nicht zu reden. Das heißt, daß sich diese Kinder ganz ihrem natürlichen Lebensraum entfremden, zu früh, zu schnell und zu einseitig in den Leistungsbereich hineingedrängt werden. Sie lernen, daß mehr und immer noch mehr Wissen anhäufen (nicht nur eine, sondern eine zweite und dritte Kammer voll Stroh zu Gold spinnen) für die Eltern das einzige ist, das wirklich zählt. Sie werden intellektuell nicht nur gefordert, sie werden oft regelrecht »hochgezüchtet« und müssen sich der dünnen »Höhenluft« anpassen, ob sie wollen oder nicht. Doch der untere Lebensraum des Natürlichen, der Bereich, in dem Gefühle – Wut, Haß, Eifersucht, Neid, Liebe, Zärtlichkeit, Sexualität – wachsen, wird meist zu wenig beachtet oder sogar überhaupt nicht zur Kenntnis genommen. So entfernen sich Menschen von sich selbst, denn zum Selbst des Menschen gehört eben beides: oben und unten, Intelligenz und Gefühl, Gebildet- und Primitivsein.

Das ist natürlich nicht erst heute so, daß Menschen sich einseitig entwickeln müssen, das ist ein altes Thema, und davon handelt Rumpelstilzchen.

Wie ist es nun mit dem Kind, das des Müllers Tochter im Märchen dem Rumpelstilzchen versprach und es ihm dann verweigerte? Was ist ein Kind? Neugeborenes, neues Leben, ein Wesen, das sich entwickelt, das wächst. Genau das meint »Kind« psychologisch gesehen. Ich verstehe das Märchen so, daß die Müllerstochter ihr Kind dem Rumpelstilzchen hätte geben müssen, sie hätte beide zusammenbringen, vereinigen, sie hätte Rumpelstilzchen in ihr neues Leben, in ihre Entwicklung aufnehmen müssen. Und »Rumpelstilzchen« ist in diesem Fall der Name für Fähigkeiten, die ihr geholfen haben, das Unmögliche zu vollbringen, nämlich ihre Vitalität, ihre Natürlichkeit. Dadurch, daß meine Patientin ihre Gefühle den Eltern zuliebe unterdrücken mußte, war sie abgeschnitten von ihren natürlichen Kräften, die ihr die Fähigkeit, das Leben energisch zu meistern, gegeben hätten. In ihrer ersten Imagination, als sie das weise, kleine Wesen traf, bot die Seele ihr die Vereinigung des Kindes, des erneuten Wachsens mit Rumpelstilzchen, der Naturkraft, an. Das Wesen sagte ihr ja: »Ich weiß, wo eine Menge Reichtümer für Dich liegen.« Doch konnte sie, da sie von dem Prinzip regiert wurde: »Schließlich muß man wissen, mit wem man es zu tun hat«, ihre Schätze nicht für sich in Anspruch nehmen. Deshalb mußte Rumpelstilzchen wieder in ihr sterben.

Wenn Prinzipien, Vernunft, Sachlichkeit und Logik das Handeln bestimmen, befindet man sich im Bereich des Männlichen. Der Logos regiert. Das ist an und für sich nicht schlecht, es ist ein Grundprinzip des Lebens, und es gibt Situationen, in denen es gut und richtig ist, daß diese männlichen Qualitäten vorherrschen. Doch Logos ist nur eine Seite des Ganzen. Die andere Hälfte heißt Eros, das weibliche Prinzip, das alles Gefühlsmäßige umfaßt. In der alten chinesischen Philosophie werden diese beiden Urprinzipien Yin und Yang genannt. Yin bedeutet das Wolkige, Trübe und entspricht dem Weiblichen, Yang heißt Beleuchtetes, Helles und meint das Männliche. So wie Mann und Frau sich ergänzen, in der liebenden Vereinigung zu einem Ganzen verschmelzen, können auch seelische Prozesse nur dann fruchtbar sein und etwas Neues hervorbringen, wenn das Denken vom Gefühl begleitet wird.

Der Weg zur Liebe

Ich glaube, ich habe sehr viel verstanden«, sagt die Patientin, als sie wieder kommt.

Ihr Gesicht ist ernst und ruhig, ihre Augen wirken dunkel und ein bißchen geheimnisvoll. Sie lehnt sich im Sessel zurück, schaut an mir vorbei in eine weite Ferne und breitet vor mir aus, was sie sich durch die Reise in ein neues Land ihrer Persönlichkeit erschlossen hat: »Es ist gut, daß ich erlebt habe, wie es sein kann, zu sterben.« Sie spricht von ihrem Tagtraum. »Seitdem habe ich keine Angst mehr vor dem Tod. Und ich habe auch keine Angst mehr . . .« – nun schaut sie mich voll und fest an – ». . . vor dem Leben. Ich weiß jetzt, daß das Leben ein wundervolles Geschenk ist. Aber auch eine Aufgabe. Ich will diese Aufgabe erfüllen und damit meinem Leben einen Sinn geben.«

Sie läßt ihren Blick wieder in die imaginäre Weite schweifen und fährt fort: »Meine Aufgabe ist nicht leicht. Wie im Märchen sollte ich Stroh zu Gold spinnen. Ich sollte eine unmögliche Forderung meines Vaters erfüllen: leisten, leisten, leisten, drei immer noch größere Kammern voll. Nur weil er schwach und geschwätzig war. Weil er es zu nichts gebracht hatte und sich im Grunde minderwertig fühlte, weil er sich nicht durchsetzen konnte, weil er sich nicht traute, die Wut, die er sicher oft auf seine Frau hatte, herauszulassen. Ich sollte tolle Leistungen vollbringen, um ihn aufzuwerten, damit er stolz auf mich sein konnte. Da gab es für mich auch keine Mutter, die mir geholfen hätte. Im Grunde war meine Mutter nie für mich da. Sie war ausgefüllt mit dem, was ihr wichtig war: eine bis in den hintersten Winkel perfekt geputzte Wohnung und ihre zahlreichen außerhäuslichen Verpflichtungen.«

Sie macht eine Pause und wendet mir wieder ihren Blick zu. Tränen laufen über ihre Wangen, und die Falten rechts und links von ihrem Mund verraten die tiefe Enttäuschung, die sie erlebt hat.

»Es war, wie überhaupt keine Mutter zu haben.«

Ich denke daran, daß auch im Märchen nicht die Rede von einer Mutter ist.

»Aber irgendwie hab ich's dann doch geschafft.«

»Ja«, sage ich, »mit Hilfe Ihres Rumpelstilzchens, mit Hilfe der in Ihnen – wie in jedem Menschen – bereitliegenden natürlichen Kräfte.«

Sie nickt: »Das wußte ich damals nur nicht. Auch als ich meinen König heiratete . . .«, sie lacht, ». . . mein Mann ist wirklich steif und konventionell, wie ich mir einen König vorstelle –, wollte ich es nur meinem Vater recht machen. Einen angeseheneren Schwiegersohn hätte er sich ja nicht wünschen können.«

Leise fügt sie hinzu: »Wirklich geliebt habe ich ihn nicht.«

Sie schweigt. Die Falten der Enttäuschung um ihren Mund scheinen noch tiefer zu werden. Es ist ganz still im Raum. Weder sie noch ich sprechen, aber ich spüre, wie eine immer stärker werdende Spannung sich ausbreitet.

»Was ist eigentlich Liebe?« fragt die Frau mir gegenüber plötzlich.

Natürlich kann ich ihr diese Frage nicht beantworten, denn so, wie ich die Liebe in meinem Leben erfahre, muß es nicht auch für das Leben eines anderen gelten.

Ich sage: »Finden Sie Ihren Weg zur Liebe.«

»Wie soll ich das machen?« Sie sieht aus wie ein kleines Mädchen, das zum ersten Mal einen Stift in der Hand hält, um schreiben zu lernen.

Diese Frage höre ich oft in meiner Praxis. Sie wird meist dann gestellt, wenn der Patient fühlt, daß er sich jetzt einen neuen Bereich seiner Persönlichkeit erschließen muß. Es ist, als stehe er in seinem Haus vor der Türe eines Zimmers, das er noch nie betreten hat, und wisse nicht, wo er den Schlüssel für diesen Raum suchen soll. Ich könnte in solchen Situationen den Patienten Ratschläge geben oder ihnen erzählen, wie ich es einst gemacht habe, aber das wäre nicht im Sinne der Individualität des einzelnen. Deshalb sage ich meistens:

»Fragen Sie das Unbewußte.«

»Ja«, antwortet die junge Frau, »das werde ich tun. Ich weiß ja, daß ich mich darauf verlassen kann. Ich habe jetzt Vertrauen zu mir.«

Zur nächsten Stunde bringt sie ihr Buch mit, in das sie alles schreibt, was sie aus ihrer Seele holt: Träume, Gedichte, Phantasien.

»Wenn ich dieses Buch nicht hätte«, sagt sie,

»wäre ich schon längst verzweifelt und hätte alles aufgegeben.«

»Was meinen Sie damit?« frage ich.

»Immer, wenn ich mich schlecht fühle, wenn ich nicht weiß, wie es weitergehen soll, wenn alles so aussichtslos scheint, setze ich mich hin, schlage das Buch auf und warte, was kommt. Irgend etwas taucht dann in mir auf, und ich schreibe es hinein. Ich bin sehr froh, daß ich diese Fähigkeit in mir entdeckt habe.«

»Ich auch«, sage ich, und wir lachen beide.

Ich bin immer wieder erstaunt und erfreut über die Poesie, die sich in dem, was sie schreibt, entfaltet, so auch in dem folgenden inneren Gespräch:

»Ich gehe hinaus zu dem Platz, an dem ich Dich, mein weises Kind, mein Rumpelstilzchen, meinen Naturgeist, getroffen habe. Das Feuer, das Du entzündet hast, ist verloschen, kalter Wind weht über das Aschenhäufchen und verteilt es in der Luft. Mich friert, aber ich will hier bleiben und warten. Worauf ich warte? Ich weiß es nicht genau, Du bist ja tot, hast Dich mitten entzweigerissen. Ich habe Dich zerstört, ich, weil ich Dich und was für Dich wichtig war, nicht respektierte. Ich achtete Deinen Wunsch nicht, so wie ich es selbst als Kind erfahren hatte: nicht in meiner Art, meinem Wesen geachtet zu werden. Du botest mir Deine Hilfe und Reichtümer an – auch ich bot meiner Mutter Hilfe an, wollte, daß sie durch mich glücklich wird. Aber weder sie noch ich waren zu einem wirklichen Opfer bereit. Warum nur ist es notwendig, Opfer zu bringen? Warum hätte die Müllerstochter im Märchen Dir, Rumpelstilzchen, ihr Kind opfern müssen, damit Du am Leben geblieben wärst? Ich spüre, daß es sehr wichtig ist, daß Du lebst, für jeden Menschen ist es wichtig, und für alle Menschen zusammen. Denn Du bist die Kraft, die aus der Natur, der Mutter Erde, Deiner und unserer Großen Mutter, kommt. Du dienst ihr, Du liebst sie.

Das ist es, was ich, was wir alle brauchen: Dich, Große Mutter, zu lieben, Dir zu dienen und Dir zu opfern, wenn Du es verlangst. Und ich weiß jetzt, Du verlangst, daß wir unser ›Immer-noch-mehr-wissen-Wollen‹ opfern sollen. Weil wir Dich mit Nur-viel-Wissen, ohne Dich zu lieben, zerstören. Unsere Neu-Gier, unser Drang, *alles* wissen, erforschen zu wollen, unser Streben nach Vollkommenheit, Macht und Besitz ist kalt und gefühllos. Es macht nicht nur Dich, es macht auch uns kaputt, denn in Dir ruhen gefährliche Kräfte, Du kannst Gewalten entfesseln – in mir, in jedem Menschen und in Dir –, die all das vernichten, was wir zum Leben brauchen. Aber Du hast uns Menschen auch gegeben, was der Zerstörung entgegenwirkt: die Liebe. Wenn wir Dich lieben, Dir vertrauen – Dir draußen in der Welt und Dir innen in uns –, ist ein Wutanfall wie ein hell aufloderndes, wärmendes Feuer, das keinen Schaden anrichtet.

Jetzt bin ich müde, unendlich müde, mein Herz ist schwer, es tut mir weh. Ich fühle mich einsam und sehr allein, denn ich spüre, daß ich noch nie richtig geliebt wurde und daß ich selbst nicht weiß, was wirkliche Liebe heißt. Da ich sie nicht erfahren habe, konnte ich sie auch nicht lernen. Was gehört zur Liebe?

Weiche, schützende, Geborgenheit spendende Arme – Kraft – Geduld – Großzügigkeit – Gelassenheit – Sich-zur-Verfügung-Stellen mit allen Stärken und Fähigkeiten, die einem eigen sind – das heißt zusammengefaßt: dienen, sich in den Dienst der Liebe stellen. Ja, ich will Dir in Liebe dienen, Große Mutter, die ich, wie jeder Mensch, in mir trage. Wie die Goldmarie ihrer Spindel in den Brunnen nachgesprungen ist und fleißig der Frau Holle gedient hat, um danach den Goldregen zu empfangen, so will ich auch in meine eigenen Tiefen tauchen und dem Natürlichen dienen – die Äpfel schütteln, wenn sie reif sind, die fertig gebackenen Brote aus dem Ofen ziehen, die Betten schütteln, wenn es Zeit dazu ist. Nur dadurch werde ich zu meinem wirklichen Reichtum kommen, zum inneren Gold, zu einem liebenden Herzen.

Ist es das, wozu Rumpelstilzchen mir verhelfen wollte? Hat es mich zur Königin meines Selbst machen wollen, deren Reich Mütterlichkeit und Weiblichkeit heißt?

Warum nur war ich so kurzsichtig und gefühllos und habe Dich damit getötet? Jetzt weine ich über mich selbst, über meine Dummheit. Aber ich will dabei nicht stehenbleiben, ich will wieder gutmachen, was ich verdorben habe. Ich will mich auf den Weg machen, Dich wiederzufinden, denn Du weißt um das Geheimnis meiner Kräfte. Dir will ich mein Kind, mein neues Leben, geben. Mein neues Leben heißt: Dienen.«

Dieses Selbstgespräch, das meine Patientin mir

aus ihrem Tagebuch vorliest, ist der Anfang einer grundlegenden Änderung auch ihres äußeren Lebens: Sie wendet sich aktiv einer neuen Aufgabe zu, sie wird zur »Tagesmutter«.

Eine Tagesmutter nimmt werktags Kinder von berufstätigen Müttern zu sich, um sie zu versorgen. Da meine Patientin weder eine Berufsausbildung noch ihrer kleinen Kinder wegen die Möglichkeit zur Ausbildung hat, ist diese Tätigkeit für sie das einzige, was in Frage kommt. Sie gibt zu, daß es ihr nicht leichtfällt, neben ihren eigenen Kindern noch drei fremde von morgens früh bis zum späten Nachmittag zu betreuen, aber sie will es sich auch nicht leichtmachen. Sie hat das Gefühl, daß sie endlich in ihrem Leben auch einmal hart zupacken, daß sie energisch sich etwas abverlangen muß, um nicht wieder in willenlose Depression zu versinken.

»Ich weiß, daß ich erst etwas leisten muß, ohne auf den Lohn zu schielen, bevor ich erwarten darf, daß mir etwas geschenkt wird«, sagt sie. »Ich will nicht länger die arme Müllerstochter sein, die Rumpelstilzchen für sich arbeiten läßt. Ich spinne jetzt das Stroh zu Gold. Das heißt, ich verwende das Rohmaterial, das ich habe, mein Muttersein, und verarbeite es zu etwas Wertvollem, zu Liebe.«

»Ich bewundere Sie«, sage ich.

Sie lächelt und antwortet: »Danke, ich nehme es an. Ich bin sehr glücklich, daß ich auf dem richtigen Weg bin.«

Daß die Patientin aktiv ihr Leben in die Hand nimmt, sich einer selbst gestellten Aufgabe widmet, dabei auch Anstrengung nicht scheut, kommentiert das Unbewußte mit zustimmenden Träumen. Wir bearbeiten jetzt in jeder Stunde mindestens einen Traum, und die Reihe der Träume in dieser Phase zeigt uns die Richtung, in die das Bewußtsein der Frau sich entwickeln will.

Ich möchte einige Träume hier wiedergeben:

»Ich bin in einem Kosmetik-Institut, lasse mich pflegen, aber ich sitze im Rollstuhl. Dann fahre ich nach Hause, es geht bergab, viele Leute rennen an mir vorbei, rempeln mich an, achten nicht auf mich, worüber ich traurig und enttäuscht bin. Ich komme an einem Schrank vorbei, in dem ein Spiegel eingebaut ist, und will mich darin schminken. Als ich die Schranktüre öffne, weht mir eiskalte Luft entgegen und reizt meinen Hals zum Husten. Daran wache ich auf.«

»Ich muß eine alte, Tbc-kranke Frau versorgen, die einsam und schlampig sich mit Selbstmordgedanken tragend in einem großen Zimmer ganz allein lebt. Mir ist diese Aufgabe schwer, aber ich weiß, es ist wichtig, daß ich sie übernehme.«

»Eine ältere, bäuerlich aussehende Frau zieht in einem Leiterwagen einen mit silbernen Forellen gefüllten, gekochten Kalbskopf – anscheinend ein wertvolles und begehrtes Gericht.«

»Ich halte einen Säugling in meinem Arm, der an meiner Brust trinkt und gar nicht mehr aufhören will. Es ist genug Milch da, sie fließt, so wie das Kind es braucht.«

Der erste Traum spiegelt ganz offensichtlich die bisherige Haltung der Träumerin, sie läßt sich pflegen, ist gelähmt, passiv. Deshalb geht es mit ihr bergab, sie fühlt sich ausgeschiossen vom Gemeinschaftsleben, reagiert traurig und enttäuscht. Das ist die Situation der Müllerstochter, die eingesperrt vor dem Stroh sitzt und sich nicht zu helfen weiß. Die eiskalte Luft, die ihr von ihrem Spiegelbild entgegenweht, verstärkt noch den Hinweis ihres Unbewußten, daß sie durch passives Verhalten nicht zu ihrer warmen, weiblichen Lebendigkeit kommt.

Warum träumt sie jetzt etwas, was sie bereits überwunden hat? Durch ihre Hinwendung zu einer sinnvollen Arbeit hat sie doch bewiesen, daß sie aktiv die Verantwortung für sich selbst übernimmt.

Ich habe in meinem Beruf immer wieder die Erfahrung gemacht, daß das Unbewußte sich verhält, wie eine gute, geduldige und mit viel Geschick sorgende Mutter, die den ersten Gehversuch ihres Kindes sehr achtsam überwacht. Sie hält das Kind fest, solange es ihre Hilfe braucht, übt mit ihm immer und immer wieder die ersten Schritte und läßt es auch zwischendurch sanft zu Boden gleiten, nicht nur, damit es sich ein wenig von der Anstrengung ausruht, sondern auch damit es lernt, wie es selbst sich niederlassen und wieder erheben kann. Für die Stabilisierung des Bewußtseins ist es wichtig, daß die geleisteten Entwicklungsschritte hinterher reflektiert und damit dauerhaft integriert werden. Der Spiegel ist ein Symbol für Selbstreflexion. Demnach sagt dieser Traum: Schau dir an, was mit dir geschieht, wenn du dich passiv verhältst.

Unklar ist mir die Bedeutung des zum Husten gereizten Halses am Ende des Traumes, und ich frage:

»Was fällt Ihnen dazu ein?«

»Meine Mutter«, antwortet sie ohne lange Überlegung und erzählt, daß ihre Mutter einige Jahre an Lungentuberkulose litt.

Mit dieser Krankheit beschäftigt sich auch der nächste Traum, der ihr die Aufgabe stellt, sich mit einer alten, schlampigen Tbc-kranken Frau zu beschäftigen. Im Traum handelt es sich nicht um die Mutter, sondern um eine einsame, selbstmordgefährdete Frau, das heißt um eine Seite in der Patientin, die sich in ihr aufgrund ihres Schicksals – mit einer Mutter zu leben, wie ihre Mutter eben war – gebildet hat.

Sie arbeitet mehrere Stunden lang sehr intensiv an der Beziehung zu ihrer Mutter.

»Warum gibt es im Rumpelstilzchen-Märchen keine Mutter?« fragt sie eines Tages.

Ich antworte: »Sicher hat das, was in dem Märchen ausgespart bleibt, obwohl es natürlicherweise dazu gehörte, eine besondere Bedeutung.«

Sie überlegt: »Ob diese Geschichte wohl anders ausgegangen wäre, wenn von Anfang an eine Mutter dagewesen wäre?«

Da ich schweige, um ihren Gedankenfluß nicht zu unterbrechen, fährt sie fort: »Eine Mutter hätte es wohl nicht zugelassen, daß ihre Tochter vor eine so unmögliche Aufgabe gestellt worden wäre. Oder doch? Vielleicht eine egoistische Mutter. Es gibt ja auch Märchen mit bösen Müttern, zum Beispiel in

›Schneewittchen‹ oder ›Aschenputtel‹, da heißen sie dann allerdings Stiefmutter. Aber wenn gar keine da ist – also, wenn das Mütterliche ganz fehlt? – kann sich ein Mädchen in so einem Fall überhaupt zu einer wirklichen Frau entwickeln?«

»Was meinen Sie mit ›wirkliche‹ Frau?« frage ich.

»Eine, die nicht nur ihrem Geschlecht nach Frau ist, sondern eine, die alle Attribute und Aufgaben, die zum Weiblichen gehören, in sich wahrnimmt und lebt.«

»Ja«, sage ich, »so sehe ich das auch.«

»Im Rumpelstilzchen gibt es kein Vorbild dafür, keinen Hinweis, wie die Tochter zu einer richtigen Frau werden kann.«

Ich ergänze: »Entsprechend grausam ist das Ende.«

»Ich möchte zu meiner echten Weiblichkeit finden«, sagt die Frau mir gegenüber mit einer Bestimmtheit, die mich freut.

Wenige Zeit später bringt sie den Traum, in dem eine bäuerliche Frau einen Leiterwagen zieht, in dem sich ein mit silbernen Forellen gefüllter Kalbskopf befindet.

Ich frage, wie immer, nach ihren Assoziationen, und sie antwortet:

»Leiterwagen bedeutet für mich, daß darin irgendwelche Dinge nach Hause gefahren werden, zum Beispiel Kartoffeln oder Äpfel aus dem Garten, oder auch, daß eine Bäuerin ihre Erzeugnisse zum Markt fährt. Ich habe bei diesem Gedanken so ein Gefühl von häuslicher Geborgenheit, Sicherheit und Ruhe – man geht ja auch langsam mit einem Leiterwagen.«

Sie lächelt, ihr Gesicht strahlt in diesem Augenblick eine besondere Ruhe und Schönheit aus.

»Diese ältere bäuerliche Frau«, fährt sie fort, »ist sie auch ein Teil von mir?«

Ich nicke.

»Sie ist aber bedeutend älter«, gibt sie zu bedenken.

Ich erkläre ihr, daß mit älteren Personen, die in Träumen auftreten, auch ältere Schichten des Unbewußten in das Bewußtsein gehoben werden. In diesem Traum wird durch die bäuerliche Frau die weibliche Seite in meiner Patientin personifiziert, die über ihr persönliches Unbewußtes hinausgeht, lebendige seelische Inhalte, die in jedem Menschen schlummern.

»Was bedeutet der mit silbernen Forellen gefüllte Kalbskopf?« frage ich.

Sie lacht. »Ich stelle mir vor, daß so ein gefüllter Kalbskopf bei einer Bauernhochzeit auf den Tisch gebracht wird. Für mich verbinden sich damit Wohlstand und Lebensgenuß. Wenn ich an silberne Forellen denke, sehe ich eine klare, sprudelnde Quelle, die zu einem fröhlich plätschernden Bach sich weitet. Die Fische darin sind hell, rein und schön.«

Zusammengefaßt bedeutet dieser Traum, daß das Unbewußte der Träumerin die in ihr bereitliegenden Schätze offenbart und sie damit auffordert, dieses Potential zu leben.

»Mir kommt jetzt der Gedanke«, sagt die Frau mir gegenüber, »daß das Rumpelstilzchen-Märchen sich ja in einer überwiegend männlichen Gesellschaft abspielt, der Vater, der König, das Rumpelstilzchen als Männchen, der Bote, der ausgeschickt wird, den Namen zu erfahren. Vier zu eins – das ist kein Gleichgewicht. Und dazu ist die Müllerstochter noch sehr jung, hat also keine Chance, sich durchzusetzen . . . Herrgott noch mal, warum entzieht sich die Mutter . . .« Sie schlägt plötzlich voller Wut mit den Fäusten auf die Sessellehne. »So kann das doch einfach nicht gut gehen«, ereifert sie sich weiter, »in unserer Gesellschaft sieht es doch auch so aus: die Mütter halten sich im Hintergrund, kümmern sich nur um die Kinderernährung, Kinderkleidung und daß die Kleinen brav sind, aber was wesentlich ist, wissen sie meist nicht.«

Ich denke, daß heute viele Frauen schon anders sind, sage aber nichts, um sie nicht in ihrem wütenden Gefühl zu bremsen, das ihre gestaute Energie befreit.

»Und was mich besonders wütend macht«, ihre Augen funkeln jetzt vor Empörung, »daß es auch nur einen Gott-Vater gibt, zu dem man beten kann.«

Ich gebe zu bedenken, daß die katholische Kirche die Mutter-Gottes kennt.

»Ach die«, sie winkt ab, »die ist doch eine halbe Frau – eine ohne Unterleib. Außerdem gilt sie nur als Mittlerin zwischen Menschen und Gott. Nein, ich möchte gerne eine Gott-Vater ebenbürtige Gott-Mutter.«

Als Reaktion auf diesen Gefühlsausbruch bringt sie in die nächste Stunde den Traum mit, in dem sie einen Säugling nährt. Ich freue mich über den Traum und kommentiere ihn: »Na, prima! Jetzt fließen ihre Energien ja reichlich.« Lachend stimmt sie zu und gibt mir ein Gedicht, das sie geschrieben hat:

Im Garten meiner Seele

Im Garten meiner Seele
liegt ein halb versteckter Platz,
gefestigt unter Eichen-Bäumen,
die Schatten spenden, stark und still,
der Sonne Glut ertragend,
die Erde schützen und
das Moos als weichen Lebensgrund
groß-mütterlich bewahren.

Im Frühling blühen dort Märzenbecher,
im Sommer Veilchen und Mimosen,
die Pfifferlinge stehen im Herbst,
im Winter schmücken Schneekristalle
das dunkle, braun geword'ne Laub.
Ein Bächlein schlängelt sich dahin,
es raunt und wispert leise
von längst vergangenen Zeiten.

Des Morgens kommt ein kleines Kind,
das spielt an seinen Ufern,
es sammelt Steine hell und rund.
Am Mittag schöpft die Bäuerin
das Wasser für die Küche.
Und abends, wenn die Sonne sinkt,
wacht eine Eule in den Zweigen,
durch die ganze lange Nacht.

»Dieses Mal habe ich ein Gedicht geschrieben, ohne daß es mir vorher schlecht ging«, bemerkt sie dazu. »Im Gegenteil, mir ging es sehr gut, als ich es schrieb. Das ist eine wichtige Erfahrung für mich, daß ich nicht nur aus einer Verzweiflung heraus etwas entstehen lassen kann, sondern daß ich auch produktiv bin, wenn ich mich innerlich lebendig und heiter fühle.«

Von diesem Zeitpunkt an schwanken ihre Stimmungen stärker als zuvor. Die Depression beginnt allmählich zugunsten einer breiteren Gefühlsskala zu weichen.

Ein Ende mit Schrecken?

Eines Tages geschieht etwas Unerwartetes. Am späten Samstag vormittag klingelt bei mir das Telefon, und meine Patientin bittet mich mit vor Tränen halb erstickter Stimme um Hilfe. »Es ist ganz schrecklich«, sagt sie, »ich bin vollkommen durcheinander und weiß nicht, was ich tun soll. Ich kann nicht hier bleiben, ich muß weg, aber ich weiß nicht wohin. Darf ich zu Ihnen kommen?« – Ihre Stimme klingt flehentlich. Ich überlege, ob es richtig ist, ihrer Bitte nachzugeben, oder ob ich ihr zumuten soll, mit dieser schwierigen Situation, die ich allerdings nicht im einzelnen kenne, selber fertig zu werden. Da diese Patientin nicht zu denjenigen gehört, die versuchen, die Verantwortung für sich selbst auf andere abzuschieben, sondern ernsthaft und mutig an ihren Problemen arbeitet, gebe ich ihr einen Termin für den frühen Nachmittag. Dankbar atmet sie auf und verspricht, pünktlich zu kommen.

Ich bin neugierig, was wohl geschehen ist, das sie derart aufgewühlt hat. Meine Vermutung zielt auf ein äußeres Ereignis, denn mit inneren »Schrecknissen« hat diese Frau bereits sehr gut umzugehen gelernt. Ich denke an die letzte Therapiestunde – da gab es nichts, was auf eine Eskalation ihres inneren Zustandes hindeuten könnte. Mir fällt ihr »Leit-Märchen« Rumpelstilzchen ein. Was ist diesem Märchen nach »dran«?

Sie hat inzwischen gelernt, ihr Stroh selbst zu Gold zu spinnen – also ihre Fähigkeiten wahrzunehmen und einzusetzen; sie hat die arrogante väterlich-männliche Seite in sich selbst überwunden, die sich in Ausdrücken wie »prinzipiell, man muß doch, entweder–oder, so geht's nicht, unbedingt, das ist meine Meinung, ich bin absolut überzeugt . . .« geäußert hat; und sie hält – wie es der zuletzt beschriebene Traum zeigte – ihr neugeborenes »Kind« im Arm.

Aha, denke ich, dann ist es wohl allmählich an der Zeit, daß Rumpelstilzchen selbst wieder erscheint.

Und so ist es auch.

Ungeschminkt, mit glanzlosen, vom Weinen verquollenen Augen sitzt die junge Frau mir zwei Stunden später gegenüber, ihre Hände fahren nervös an den Armlehnen des Stuhles auf und ab.

»Was ist passiert?« frage ich.

Sie schaut mich nur kurz an, senkt den Kopf, und ich sehe, wie Tränen langsam in ihren Schoß tropfen. Es dauert einige Minuten, bis sie zu sprechen beginnt. Ihre Stimme ist heiser und leise, kaum hörbar sagt sie: »Ich schäme mich so.«

Das hat sie doch schon einmal gesagt, denke ich und überlege, wann es war. Mir fällt ein, daß sie die Scham im Zusammenhang mit ihrer Wut erwähnt hat.

»Wofür schämen Sie sich?« frage ich, um ihr das Sprechen ein wenig zu erleichtern. Zögernd und stokkend, mit Unterbrechungen, in denen sie sich die Tränen abwischt oder die Nase putzt, erzählt sie:

»Ich hatte eine fürchterliche Auseinandersetzung mit meinem Mann. Gestern abend fing es an. Er hat mir Vorwürfe gemacht, daß ich zu wenig Zeit für ihn habe. Weil ich mich noch auf eine Berufsausbildung vorbereiten will, lese ich viel am Abend oder gehe in die Volkshochschule. Ich habe mich gegen seine Vorwürfe gewehrt, gestern abend ging es auch ganz gut, und ich dachte schon, er würde mich verstehen. Es ist doch wichtig für mich, daß ich auch meinen Geist entfalte und beschäftige, nicht wahr?«

Sie hebt den Kopf, in ihren Augen sehe ich einen kurzen Augenblick den mir mittlerweile vertrauten Glanz der Be-geisterung.

»Ja, das ist sehr wichtig für Sie«, antworte ich und betone dabei das »Sehr«.

Sie lächelt ein wenig, doch gleich darauf sinkt sie wieder in sich zusammen, und nach einem tiefen Seufzer berichtet sie weiter: »Aber heute morgen beim Frühstück ging es weiter. Er war sehr verstimmt. Zuerst versuchte ich noch, ihm zu erklären, welche Bedeutung es für mich hat, alle meine Fähigkeiten zu entwickeln, doch als er darauf gereizt mit einigen ironischen Bemerkungen über mein ›Emanzipationsgetue‹, wie er es nannte, reagierte, merkte ich, wie plötzlich eine ungeheure Wut in mir aufstieg. Es war so furchtbar . . .« Mit einem plötzlichen Ruck hebt sie den Kopf, schaut mich mit entsetzt aufgerissenen Augen an. »Und dann . . . ich konnte mich nicht mehr beherrschen . . . beim Tischabräumen . . .«, sie hält einen Augenblick den Atem an, ». . . warf ich voller Zorn das Tablett mit dem Geschirr in der Küche auf den Fußboden.«

Es ist mäuschenstill im Zimmer. Ich merke, wie ich selbst im Laufe ihrer Schilderung den Atem angehalten habe. Schnell überlege ich, wie ich jetzt am besten reagiere.

»Ich empfand so eine ohnmächtige Wut«, unterbricht sie meine Gedanken mit leiser Stimme.

Ich sage: »Sie sind in Ordnung – auch mit Ihrer Wut.«

Ein hörbarer tiefer Atemzug und ein entspannter Ausdruck auf ihrem Gesicht ist die Reaktion auf meine Worte.

»Sagen Sie mir mehr über Ihre Wut«, fordere ich sie auf.

»Es ist so ein Gefühl . . . es zerreißt mich fast, ich möchte mich in der Mitte auseinanderreißen. Es ist dieses Gleichzeitige von Wut und Hilflos-, Ohnmächtigsein – das ist so unerträglich, so schrecklich . . .«

»Dadurch, daß Sie etwas Äußeres kaputtmachen, also Ihr Frühstücksgeschirr zerschlagen, brauchen Sie sich innerlich nicht zu zerreißen. Das hat Sie erleichtert, nicht wahr?«

Sie nickt. »Aber das schlechte Gewissen danach«, fährt sie kleinlaut fort.

»Lassen wir das jetzt mal beiseite, das schauen wir uns später an«, schlage ich vor. »Sprechen Sie noch mehr über Ihre Wut.«

Sie sitzt mit nach vorne gebeugtem Oberkörper, die Arme auf die Oberschenkel aufgestützt – die typische Haltung eines Kindes auf dem Töpfchen, wenn es etwas aus sich heraus »produzieren« will – und berichtet:

»Ich kenne diese Wut aus meiner Kindheit. Ich

habe sie ein paarmal gehabt, als ich klein war, meinem Vater gegenüber stand und er sich über mich lustig gemacht hat.«

Sie beginnt wieder zu weinen, fährt aber tapfer fort: »Er war so groß und mächtig . . . was konnte ich gegen ihn tun . . . ich war ohnmächtig ihm gegenüber, ja, ohne Macht. Und meist hatte er ja recht, ich hatte wieder nicht aufgepaßt oder igendwas falsch gemacht. Aber wie er das dann zu mir sagte, da war so viel Verachtung und – ja, Sadismus. Er schien sich an meinem Ausdruck richtig zu weiden, oh, ich könnte . . .« Sie ballt ihre Hände zu Fäusten, und mit zorniger Stimme zischt sie, gleich einer hervorschnellenden Schlange: »Ich könnte ihn heute noch dafür umbringen.«

»Halt!« werfe ich ein, »jemanden umzubringen ist keine Lösung. Es würde Ihnen nichts nützen, die Kränkung bleibt.«

Sie schaut mich an. Zunächst sehe ich Opposition in ihrem Gesicht, doch dann entspannen sich die zusammengezogenen Augenbrauen wieder, sie überlegt eine Weile und sagt mit ruhiger Stimme: »Ja, Sie haben recht, die Kränkung bleibt. Aber ich möchte meinem Vater endlich sagen, wie sehr er mir weh getan hat, jetzt möchte ich es ihm wirklich sagen.«

Ihr Vater lebt nicht mehr, sie kann sich nicht persönlich mit ihm auseinandersetzen. Das ist auch gar nicht notwendig. Selbst, wenn die Eltern noch am Leben sind, fordere ich meine Patienten stets auf, in der Behandlungsstunde bei mir mit ihnen oder einem von ihnen zu sprechen. Das beeinflußt den eigenen, verinnerlichten Elternteil weit mehr, als es eine äußere Konfrontation zu tun vermag.

Aus der Frau mir gegenüber bricht ein Schwall von Enttäuschung und Verbitterung, Anklage und Feindseligkeit, Haß und Abscheu heraus. Eine geballte Ladung an Aggression, lange unterdrückt, ergießt sich gleich einem heißen Lavastrom aus einem Vulkan.

Inzwischen fließen keine Tränen mehr, ihre Stimme wird zunehmend kräftiger und lauter – mit einem heftigen Atemzug, wie nach schwerer, aber gut getaner Arbeit, läßt sie sich dann zurück in den Sessel fallen.

»Wie fühlen Sie sich jetzt?« frage ich.

»Gut!« Sie lacht, »sehr, sehr gut – so habe ich mich schon lange nicht mehr gefühlt.«

»Ich fühle mich auch gut«, sage ich. »Ich bin froh, daß Sie diesen Durchbruch geschafft haben.«

Sie nickt. »Ja, das ist gut für mich, ich bin sehr erleichtert. Ich bin jetzt meinem Mann fast dankbar dafür, daß er mit seiner Haltung, mit seinen Bemerkungen die Stelle in mir berührt hat, die von meinem Vater so oft verwundet wurde. Im Körperlichen ist es ja auch so: wenn eine Wunde nicht richtig verheilt ist und jemand kommt und sticht sie wieder auf, dann kann man nicht anders, als vor Schmerz laut aufschreien.«

Sie denkt eine Weile schweigend nach, dann sagt sie mit fester Stimme:

»Ich werde das alles meinem Mann erzählen – ich werde jetzt mit ihm über all das sprechen, was ich ihm bisher nicht sagen konnte oder wollte. Es ist höchste

Zeit, daß ich mit ihm über unsere Beziehung und all die Mißverständnisse, die es da gibt, rede.«

Ich bestärke sie in diesem Vorhaben, und sie ergänzt:

»Jetzt habe ich auch keine Schuldgefühle mehr wegen des zerschlagenen Geschirrs. Ich glaube – nein, ich weiß, es war wichtig für mich, daß ich das getan habe, daß ich zugelassen habe, was aus mir heraus wollte. Ich vertraue auf die Führung meines Unbewußten und . . .« leise: ». . . ich vertraue auf die Liebe.«

Ich sage: »Furcht ist nicht in der Liebe.«

»Und ich glaube, Scham auch nicht«, fügt sie lächelnd hinzu.

Damit beenden wir diese dramatisch verlaufene Extrastunde. Ich begleite meine Patientin zur Tür und sehe ihr nach, wie sie mit erhobenem Kopf und energischen Schritten den Flur entlang geht. Es ist, als habe sich die Energie, die sie aus sich heraus hat entstehen lassen, auch auf mich übertragen, denn ich fühle mich frisch und zum Tätigsein bereit, wie kaum nach einer anderen Stunde. In mir steigt das Bild eines über einem Feuer brodelnden Kessels auf, in dem eine gute, kräftige Suppe kocht. Bisher hat meine Patientin all ihre Energie dazu verwendet, den Deckel auf diesem fast überkochenden Topf zu halten. Jetzt ist der Deckel in die Luft geflogen – hat zwar auf seinem Weg etwas Geschirr zerschlagen – aber nun ist die Energie befreit, und die Suppe kann gegessen werden.

Der Vater

Angeregt durch das, was meine Patientin erlebt, beschäftige ich mich noch einmal gründlich mit dem Märchen vom Rumpelstilzchen. Dieses Märchen ist, im Gegensatz zu Rotkäppchen, Dornröschen, Schneewittchen, Hänsel und Gretel oder Der Wolf und die sieben Geißlein nicht so bekannt, und ich habe immer wieder festgestellt, daß es ganz unterschiedlich erlebt wird. Die einen finden, Rumpelstilzchen muß zu Recht am Ende sterben, wollte er doch der Königin ihr Kind nehmen; andere haben Mitleid mit dem armen Wicht, denn er hat ja nur der Müllerstochter aus der Patsche helfen wollen.

Stirbt er zu Recht oder zu Unrecht? In den meisten Märchen werden ja die Bösewichte am Schluß bestraft oder vernichtet, während die Guten oder die unschuldigen Opfer lange und in Freuden leben. Demnach müßte Rumpelstilzchen ein Bösewicht sein. In mir sträubt sich bei dieser Schlußfolgerung etwas. Es rührt mich an, wie dieses kleine Männchen voll Freude um sein Feuerchen springt – an einem hohen Berg, wo sich Fuchs und Hase gute Nacht sagen – und singt: »Heut back' ich, morgen brau' ich, übermorgen hol' ich der Königin ihr Kind . . .« Das klingt doch so, als bereite es ein Fest vor. Gebacken und gebraut hat man früher vor Taufen und Hochzeiten. Es freute sich also ganz offensichtlich auf die Ankunft des Kindes – so wie wir heute die Ankunft des Christkindes erwarten und »Oh, du fröhliche . . .« singen. Schließlich hat ihm die Müllerstochter doch das Kind versprochen dafür, daß er ihr Leben rettet. Er hatte sie gerettet, und sie ist dazu noch Königin geworden – das ist wohl einen Preis wert – oder? Andererseits: Kann man von einer Mutter erwarten, daß sie so ohne weiteres ihr Kind hergibt – selbst ihrem Lebensretter? Jeder, der dieses Märchen liest, versteht, daß sie um ihr Kind weint und bettelt. Sie will ihm dankbar sein und verspricht ihm alle Reichtümer, die sie besitzt. Aber Rumpelstilzchen sagt: »Etwas Lebendes ist mir lieber.« Darum geht es also. Um das Lebendige, das Leben an und für sich. Dieses Leben bedeutet gleichzeitig das Weiterleben des Rumpelstilzchens, ohne dieses Lebendige kann – oder darf? – es nicht mehr weiterleben und vernichtet sich selbst. Ich denke hier, daß auch Gott immer wieder Opfer vom Menschen verlangt hat, lebendige Opfer, man könnte auch sagen: gelebtes Opfer. Jesus war so ein Lebens-Opfer, sein Leben war Opfer.

Ist Rumpelstilzchen ein Gott? Nein, aber es ist ein göttliches Medium, ein göttlicher Knecht, der Übermittler einer Gottes-Botschaft. Allerdings nicht des männlichen Gottes, den wir im Christentum so verstehen, sondern der weiblichen Seite Gottes. Im Christentum ist die weibliche Seite Gottes nicht bekannt – leider. Doch in der jüdischen Mystik, der Kabbala, gibt es diese weibliche Seite Gottes, sie heißt dort Schechina. Ist es nicht einleuchtend und ganz natürlich, daß Gott zwei Seiten hat, eine männliche und eine weibliche? Die Menschen – und die meisten Tierarten – bestehen doch aus Mann und Frau; zudem gibt es in jedem Mann weibliche und in jeder Frau männliche Anteile, denn bei der Befruchtung treffen stets männliche und weibliche Chromosomen aufeinander.

Unsere Vorstellung, daß alles von einem ausschließlich männlichen Gott geschaffen und gelenkt sein soll, hat – wie wir es heute besonders deutlich sehen – zu einer einseitigen, fortschrittsgläubigen, von Männern bestimmten Gesellschaft geführt. Hätten wir der weiblichen Seite Gottes, der Mutter Natur, mehr Ehrfurcht und Respekt geschenkt, hätten wir ihr Kathedralen aus Bäumen gepflanzt und würden darin zu ihr beten, hätten wir ihr Teppiche aus Blumen geweiht, würden wir voll Hochachtung ihre Flüsse, Seen und Meere betrachten, uns glücklich schätzen, in ihren heiligen Gewässern baden zu dürfen, statt sie auszubeuten, mit Öl zu verpesten oder Atommüll in ihnen zu versenken – wir müßten nicht so viel Angst um unsere und unserer Kinder Zukunft haben. Warum haben wir der großen göttlichen Mutter nicht den ihr gebührenden Platz in unserem Leben eingeräumt? Feiern wir das Frühlingsopfer, wie es in alter Zeit der Brauch war – Strawinsky hat es in seinem gleichnamigen Ballett überliefert – deshalb nicht mehr, weil es uns so grausam erscheint, dabei ein lebendiges Opfer zu bringen? Doch es ist ein Irrtum, zu glauben, wir lebten jetzt humaner, seit es abgeschafft wurde, Menschen zu opfern. Die Große Mutter holt sich ihre Opfer zu Tausenden auf den

Schlachtfeldern und in vom männlichen Geist entwikkelten technischen Konstruktionen wie Flugzeugen, Schiffen, Autos, Motorrädern.

Zurück zum Märchen: Wodurch werden die Müllerstochter und Rumpelstilzchen in diesen schrecklichen Konflikt gebracht? Für die Müllerstochter heißt er: sterben oder mein Kind hergeben – und für Rumpelstilzchen: das Kind bekommen oder sterben. Beider Leben hängt von einem Kind ab. Die Geschichte beginnt: »Es war einmal ein Müller, der war arm, aber er hatte eine schöne Tochter. Nun traf es sich, daß er mit dem König zu sprechen kam, und um sich ein Ansehen zu geben, sagte er zu ihm: Ich habe eine Tochter, die kann Stroh zu Gold spinnen!« Es fängt also damit an, daß ein Mann, ein Vater, seine Tochter verkauft – mehr wohl aus Prestige als aus zwingender finanzieller Not. Psychologisch gesehen handelt es sich hier um einen Zustand der Unzulänglichkeit und des Mangels, der mit unsicheren Gefühlen verbunden ist und möglichst rasch beendet werden soll. In maßloser Übertreibung »meine Tochter kann Stroh zu Gold spinnen« liefert dieser Mann sein junges zartes Gefühl an die herrschende Macht aus, die »das Gold lieb hat«, an das regierende, Werte und Maßstäbe festlegende Prinzip. Solches Handeln entspricht dem Patriarchat, in dem wir leben. Hier gelten ganz bestimmte Richtlinien – so und so hat das zu sein –; Abweichungen von der herrschenden Meinung sind nicht erlaubt. Gefühle sind etwas »für schwache Weiber«. Gut ist, »was hart macht«. Bisher wurden die meisten Jungen nach solchen Grundsätzen erzogen, die Mädchen versuchte man möglichst rasch und lebenslang an den Kochtopf, die Waschmaschine oder das Bügelbrett zu verbannen. Da können sie dann ihren Gefühlen – meist unzufriedenen, traurigen oder sogar verzweifelten – nachhängen.

Das Rumpelstilzchen-Märchen zeigt also die vom Vater bestimmte Lebenssituation. Deshalb fehlt im Märchen die Mutter. Die einzige weibliche Person, die Müllerstochter, ist diesem männlichen Geist, der nach Ansehen, Macht, Reichtum strebt, hilflos ausgeliefert. Wir erleben das gleiche täglich; beispielsweise wenn wir die Zeitung aufschlagen und die Tagespolitik lesen, da kann unser Gefühl oft nur wie ein verwundetes Tier aufschreien, und es bleibt ein Rest von Angst, Verzweiflung, Resignation. Wir lesen die neuesten Entwicklungen und Beschlüsse und fühlen uns ausgeliefert, hilflos und handlungsunfähig, wie die Müllerstochter vor ihrem Stroh.

Doch nicht nur die äußere Welt bedrängt uns mit ihren männlichen Forderungen von Ansprüchen, Leistung und Gehorsam – auch die Art und Weise, wie wir mit uns selbst umgehen, ist oft genauso unbarmherzig und gefühllos. Gerade Menschen, die sich minderwertig, nicht wichtig oder gut genug fühlen, behandeln sich selbst mit einer kalten Strenge, die dem Befehl des Königs – »Wenn du das Stroh nicht zu Gold spinnst, mußt du sterben« – gleichkommt. Wer rettet diese innere Müllerstochter – das Gefühl – vor der herrschenden Grausamkeit?

Die Mutter

Meine Patientin erinnert sich, daß sie in ihrer Kindheit sehr gerne Märchen gehört und später auch selber gelesen hat. Das Märchen vom Rumpelstilzchen hat sie damals tief beeindruckt, allerdings wußte sie nicht warum. Jetzt, nachdem es plötzlich in ihrem Bewußtsein wieder auftaucht und sie nicht mehr losläßt, beschäftigt sie die Frage, warum es ausgerechnet dieses Märchen ist, das ihre Seele sich ausgesucht hat.

Eines Tages sagt sie: »Ich weiß jetzt, daß ich eine Vater-Tochter bin.«

»Was meinen Sie damit?« frage ich.

Sie blickt an mir vorbei in eine weite Ferne – viele Jahre zurück.

»Ich habe ihn als Kind sehr geliebt und unendlich bewundert. Er war für mich der Größte, Schönste und Mächtigste. Was er sagte, war absolut richtig, er war wie ein König für mich. Deshalb hat es mich ja so tief verletzt, wie er mit mir umgegangen ist. Weil ich mich so an ihm orientiert habe, weil ich ihm so ergeben war, konnte oder wollte ich damals nicht verstehen, wie er wirklich war. Ich hab' ihn halt so gesehen, wie ich mir einen Märchenprinzen vorstellte.«

»Und wie war es bei Ihrer Mutter, war sie die Königin für Sie?« möchte ich wissen.

Ihr Blick kehrt zurück, sie schüttelt den Kopf.

»Nein, meiner Mutter teilte ich nur minderwertige Rollen zu. Mal erschien sie mir wie eine Dienstmagd, mal wie eine launische Diva oder wie ein hilfloses krankes Tier. Ich empfand ihr gegenüber abwechselnd Mitleid, Abscheu oder Ungeduld. Nie war sie jemand, zu der ich aufschauen, der ich nacheifern konnte, die ein Vorbild für mich gewesen wäre. Sie war innerlich immer weit weg von mir.«

Mit diesen Sätzen beschreibt sie klar den Kern ihrer Neurose, die Ursache für ihre Depression. Nicht nur die Verletzungen, die der Vater ihr zugefügt hat, sondern vor allem die fehlende Identifikation mit der Mutter und damit mit ihrem eigenen weiblichen Anteil ist bestimmend für ihren Konflikt, der gefühlsmäßig für sie heißt: »Ich kann die Forderungen des Vaters nie erfüllen (Müllerstochter: Ich kann Stroh nicht zu Gold spinnen), also muß ich sterben. Wenn ich meine Mutter lieben würde, mich ihr hingeben (Rumpelstilzchen: Gib mir dein Kind), könnte ich leben.«

Es geht hier also darum – im Leben meiner Patientin und im Märchen –, daß das Leben von der Hinwendung zur Mutter abhängt: Gib mir dein Kind heißt: Schenk' mir deine Liebe, schenk mir dein Lachen, deine strahlenden Augen, wenn du mich ansiehst, deine Arme, wie sie sich zärtlich um meinen Hals legen, dein fröhliches Plappern, wenn du mir erzählst, was wichtig für dich ist, dein Gefühl des Glücks, wenn du in meiner Nähe bist. So eine Mutter-

Tochter-Beziehung war meiner Patientin in ihrer Kindheit versagt.

Warum kommt im Märchen Rumpelstilzchen, um sich das Kind zu »verdienen«?

Die großen Mächte unserer Welt, Gott-Vater und Große Mutter, sind so umfassend und vielgestaltig, daß der Mensch sie nicht als Ganzes, sondern nur – gleichsam portionsweise – in dem einen oder anderen ihrer Aspekte wahrnehmen kann. So einen Teil der Großen Mutter stellt Rumpelstilzchen dar. Es heißt im Märchen: ». . . an einem hohen Berg um die Waldecke, wo Fuchs und Has' sich gute Nacht sagen . . .« Diese Lokalisierung steht nicht von ungefähr da, sie ist ein Hinweis auf die Herkunft Rumpelstilzchens. Eine der ältesten Gottesbezeichnungen heißt Schaddaj, dies bedeutet Berg, es ist abgeleitet vom akkadischen Sadu = Berg. »El Schaddaj« ist die Gottheit, die vor Moses vermutlich in ganz Palästina verehrt wurde. Gleichzeitig bedeutet Schad aber auch Mutterbrust. Die Menschen sahen also schon zu allen Zeiten im Berg ein Symbol für das Mütterliche. Wir verbinden »bergen«, »Geborgenheit« mit einer mütterlichen Funktion. Die äußere Form des Berges ruft die Assoziation zur Mutterbrust hervor, das Innere eines Berges, die Höhle, erinnert an den Uterus. Die Quellen, die zu Flüssen und Strömen werden, Länder durchfließen, sie bewässern und Fruchtbarkeit bringen, entspringen den Bergen, gleich der nährenden Milch aus der mütterlichen Brust. Viele Schätze birgt die Erde, in Bergwerken baut der Mensch sie ab und verwertet sie für seinen Wohlstand. Die Hüter solcher Bergwerke sind in den Märchen die Zwerge, wie sie beispielsweise in Schneewittchen oder Schneeweißchen und Rosenrot dargestellt werden. Stets besitzen die Zwerge Reichtümer in Form von Edel-(Ge)Steinen, die sie im Berg versteckt halten. Merkmal dieser Zwerge ist, daß sie klein, uralt und männlichen Geschlechts sind. Vom Rumpelstilzchen wird zwar nicht als von einem Zwerg gesprochen, doch die Beschreibung »kleines Männchen« gibt Aufschluß über die Körpergröße und das Geschlecht, und die Formulierung »gar zu lächerliches Männchen« läßt vermuten, daß es sich um einen ungewöhnlich kleinen Mann handelt, am ehesten wohl um einen Zwerg. Der Zwerg, der in und mit der Natur lebt, sich von den Früchten des Waldes ernährt und gut Freund mit den Tieren ist, die ihn umgeben, personifiziert den dienstbaren Geist der Großen Mutter. In vielen Märchen helfen die Zwerge den Menschen – aber nur, wenn diese Menschen bereit sind, demütig und bescheiden zu dienen, so wie es Schneewittchen tun muß oder wie es im folgenden Märchen beschrieben ist, das ich hier einflechten möchte, weil es sehr gut zeigt, welche Aufgabe die Zwerge erfüllen. Es ist das zweite Märchen aus der Märchengruppe »Die Wichtelmänner«:

»Es war einmal ein armes Dienstmädchen, das war fleißig und reinlich, kehrte alle Tage das Haus und schüttete den Kehricht auf einen großen Haufen vor die Türe. Eines Morgens, als es eben wieder an die Arbeit gehen wollte, fand es einen Brief darauf, und weil es nicht lesen konnte, so stellte es den Besen in die Ecke und brachte den Brief seiner Herrschaft, und da war es eine Einladung von den Wichtelmännern, die baten das Mädchen, ihnen ein Kind aus der Taufe zu heben. Das Mädchen wußte nicht, was es tun sollte. Endlich auf vieles Zureden und weil sie ihm sagten, so etwas dürfte man nicht abschlagen, so willigte es ein. Da kamen drei Wichtelmänner und führten es in einen hohlen Berg, wo die Kleinen lebten. Es war da alles klein, aber so zierlich und prächtig, daß es nicht zu sagen ist. Die Kindbetterin lag in einem Bett von schwarzem Ebenholz mit Knöpfen von Perlen, die Decken waren mit Gold bestickt, die Wiege war von Elfenbein, die Badewanne von Gold. Das Mädchen stand nun Gevatter und wollte dann wieder nach Hause gehen, die Wichtelmännlein baten es aber inständig, drei Tage bei ihnen zu bleiben. Es blieb also und verlebte die Zeit in Lust und Freude, und die Kleinen taten ihm alles zuliebe. Endlich wollte es sich auf den Rückweg machen, da steckten sie ihm die Taschen erst ganz voll Gold und führten es hernach wieder zum Berge hinaus. Als es nach Hause kam, wollte es seine Arbeit beginnen, nahm den Besen in die Hand, der noch in der Ecke stand, und fing an zu kehren. Da kamen fremde Leute aus dem Haus, die fragten, wer es wäre und was es da zu tun hätte. Da war es nicht drei Tage, wie es gemeint hatte, sondern sieben Jahre bei den kleinen Männern im Berg gewesen, und seine vorherige Herrschaft war in der Zeit gestorben.«

Hier wird also ein dienendes Mädchen, das Tugenden wie Reinheit und Fleiß besitzt, zum Gehorsam gegenüber der Einladung aus dem Zwergenreich angehalten. Dieser Gehorsam bringt ihr nicht nur Gold in allen Taschen, er bewirkt auch, daß sie die Herrschaft, der sie untergeben war, verliert und nun selbst Herrin sein kann. Das Sprichwort »Wer herrschen will, muß dienen lernen« sagt, daß man die Gesetze, die die Natur uns auferlegt, nicht umgehen darf. In diesem Märchen gehorcht das Mädchen, es geht in den hohlen Berg, in das mütterliche Reich und damit in sich selbst, in seine eigene Seele hinein, und nach sieben Jahren, das ist die Zeit, die der Mensch für seine verschiedenen seelischen Entwicklungsphasen braucht – Vorschulzeit, Schulzeit bis zur Pubertät, Pubertät bis zur Volljährigkeit, und etwa ab 35 (5 mal 7) die sogenannte »midlife-crisis« – kommt sie als erwachsene Frau zurück, die nun über sich selbst herrschen muß.

Das erste Kind als Opfer

Es vergehen ein paar Monate, in denen sich meine Patientin intensiv mit ihrer Ehesituation beschäftigt. Viele Auseinandersetzungen mit ihrem Mann finden statt, er kommt eine Zeitlang auch mit zu den Therapiestudien, und ich spreche mit beiden über ihre Beziehungsschwierigkeiten. Für die Therapie ist es sehr hilfreich, wenn der Partner des Klienten sich zu einer Mitarbeit entschließen kann. Ich möchte jedoch nicht näher auf diesen Abschnitt der Behandlung eingehen, er würde ein weiteres Buch füllen und zu weit vom Thema abschweifen. Ich beschränke mich auf die Behandlungsstunden, in denen das Rumpelstilzchen-Thema angesprochen wurde. Wichtig ist in diesem Zusammenhang nur, daß sich im Laufe der Auseinandersetzungen ein neues Gefühl der Zuneigung und Verbundenheit der beiden Eheleute zueinander einstellte. Ausgelöst durch den Wutausbruch meiner Patientin, können sich jetzt beide offener und ehrlicher begegnen.

Dann kommt meine Patientin wieder alleine zu den Stunden. Eines Tages bringt sie folgenden Traum mit:

»Mein Kind hat einen wichtigen Tag vor sich: Hochzeit, Konfirmation oder Taufe. Es liegt in einem Steckkissen, ich muß ein braunes Tuch auf eine ganz bestimmte Art, ähnlich wie einen Nonnenschleier, um es herumlegen und mit Stecknadeln feststecken. Das Kind braucht für diese kirchliche Zeremonie ein anderes Kind an seiner Seite, etwa wie einen Taufpaten oder Trauzeugen.«

»Zu diesem Traum«, sagt sie, als ich sie nach ihren Einfällen frage, »fällt mir wieder mein Märchen ein. Aber ich weiß nicht so recht warum.«

Ich möchte, bevor wir uns mit dem Märchen-Thema beschäftigen, wissen, was ihr sonst noch einfällt, und fordere sie auf, weiter zu assoziieren.

»Zu dem Nonnenschleier fällt mir ein, daß ich mir früher oft vorgestellt habe, wie es wäre, wenn ich ins Kloster ginge. Es war stets ein verlockender Gedanke für mich. Wenn ich mich besonders unruhig und durcheinander fühlte, stellte ich mir vor, ich würde in einem Kloster leben. Dann sah ich einen Innenhof, von einem Kreuzgang umgeben, vor mir. Dort setzte ich mich in Gedanken auf eine Bank – zuerst war es ganz still, doch nach einer Weile hörte ich einen ganz wunderbaren Gesang. Ein Schwestern-Chor sang eine Hymne auf die Herrlichkeit Gottes, jede einzelne Stimme hörte ich, eine schöner als die andere. Da zog jedesmal tiefe Ruhe und Heiterkeit in meine Seele.«

Sie schweigt einen Augenblick, diesen Erlebnissen nachspürend. Ihr Gesicht ist friedvoll und entspannt, ein leichtes Lächeln überzieht es.

»Sie finden also heitere Ruhe im Kloster«, sage ich. Sie nickt. Ich fahre fort: »Als Nonne müßten Sie aber auch vieles opfern.«

Sie denkt eine Weile nach.

»Ja«, meint sie, »ich müßte viel Weltliches, Äußeres opfern. Doch dafür würde ich mehr Innerlichkeit gewinnen. Als Nonne hätte ich mich bestimmt ganz dem geistigen Bereich hingegeben. Im Moment scheint mir das sehr erstrebenswert zu sein. Aber wenn ich daran denke, daß ich dann keine Kinder haben könnte und keine Beziehung zu einem Mann, so schwierig das auch manchmal sein mag . . .«

Nach einer kleinen Pause fragt sie – es klingt ein wenig trotzig –: »Warum kann man nicht alles haben?«

Wir schauen uns an und lächeln – natürlich wissen wir beide, daß das unmöglich ist.

»Im Leben ist es so, daß stets irgendwelche Opfer verlangt werden«, sage ich.

»Heißt das auf meinen Traum bezogen, daß mein Kind geopfert werden muß? Aber Taufe, Konfirmation oder Trauung hat doch nichts mit Opfern zu tun – oder doch?«

Ich antworte nicht, und sie fährt fort:

»Bei der Taufe wird das Kind Gott unterstellt, es ist schon so, als gebe man es ein wenig her, es gehört dann nicht mehr mir allein. Auch die Konfirmation ist ein weiterer Schritt hinaus aus dem Elternhaus. Für eine Mutter kann es schmerzlich sein, wenn das Kind sich immer mehr anderen Menschen zuwendet und sich aus der zu Anfang bestehenden Symbiose löst. Ich spüre es jetzt schon bei meinen Kindern, obwohl sie noch recht klein sind. Und wenn es dann schließlich heiratet, nimmt es völlig Abschied von den Eltern – das muß so sein, es will ja eine eigene

Familie gründen. Das ist gut und richtig, mir wird es trotzdem sehr weh tun. Ich weiß noch, wie meine Schwiegermutter geweint hat bei unserer Hochzeit – fast so, als wäre sie bei einer Beerdigung.«

Nachdem sie eine Weile nachdenklich geschwiegen hat, sage ich: »Das betrifft Ihre äußeren Kinder. Was bedeutet der Traum wohl für Ihr inneres Kind?«

»Mein inneres Kind? Etwas Neues, noch sehr Junges in mir, das erst wachsen will – etwas, was ich lieb habe, wird nonnengleich, also abgeschieden von der Welt, durch eine festliche Zeremonie unter eine höhere Macht gestellt. Wieder fällt mir mein Märchen ein: Die Königin soll ihr Kind dem Naturgeist geben, er will es zu sich in sein Häuschen holen, da, wo Fuchs und Hase sich gute Nacht sagen, also abgeschieden von der Welt. ›Heute back ich, morgen brau ich . . .‹ Das klingt nach Taufe – oder Hochzeitsvorbereitungen. Ist Rumpelstilzchen das Patenkind in meinem Traum?«

»Das ist möglich. Es würde Ihr Kind führen, es begleiten. Was ist für Sie die höhere Macht, der Sie Ihr Kind, also den neuen seelischen Inhalt, unterstellen sollen?«

Zögernd meint sie: »Ich weiß nicht so recht . . .«

»Was ist denn zur Zeit besonders wichtig für Sie?«

Sie rutscht unruhig in ihrem Sessel hin und her, eine leichte Röte überzieht ihr Gesicht, dann sagt sie leise, ohne mich dabei anzuschauen:

»Zur Zeit beschäftigt mich sehr die sexuelle Beziehung zu meinem Mann. Ich merke, daß ich mehr Verlangen danach habe – aber es macht mir auch angst.«

Jetzt blickt sie wieder auf. Ich kenne mittlerweile den ängstlichen Ausdruck in ihren Augen gut.

»Wenn Sie Angst haben«, sage ich, »ist das ein Zeichen, daß sie aufpassen müssen. Angst hat die Funktion, auf mögliche Gefahren hinzuweisen. Wo kann in Ihrer Sexualität eine Gefahr lauern?«

»Bei dem Wort Sexualität spüre ich, daß es so nicht für mich stimmt. So war es bisher – es gab Sexualität in meiner Ehe, aber die befriedigte mich nicht. Jetzt merke ich, daß eine andere, umfassendere Art der Sexualität in unsere Beziehung kommt. Ich glaube, ich fange an zu verstehen, was Eros bedeutet.«

Ich schweige, und nach einer weiteren Nachdenkpause richtet sich die Frau mir gegenüber plötzlich kerzengerade auf, ihr Gesicht wirkt lebhaft, und mit von Freude erregter Stimme sagt sie: »Jetzt weiß ich, was mein Traum bedeutet, und jetzt weiß ich auch endlich, was es im Märchen heißt, daß die Königin ihr Kind dem Rumpelstilzchen geben muß.«

Ich lasse mich von ihrer Erregung anstecken, bin neugierig auf das, was sie für sich entdeckt hat. Auch mich beschäftigt die Frage nach dem Sinn des Rumpelstilzchen-Märchens sehr, seit ich durch diese Patientin so intensiv damit konfrontiert wurde. Leider ist die Stunde für dieses Mal zu Ende, und ich sage bedauernd:

»Schade, daß wir heute nicht mehr darüber sprechen können. Ich bin auch sehr gespannt auf das, was Sie erkannt haben.«

Sie erhebt sich schnell, als habe sie es eilig.

»Ich werde es aufschreiben«, sagt sie und gibt mir

die Hand. »Es drängt mich danach, es zu schreiben und vielleicht auch zu malen.«

Wir verabschieden uns – an der Haustüre dreht sie sich noch einmal um und ruft: »Das Leben ist sehr aufregend.« Ich bestätige es, und damit fällt die Tür hinter ihr ins Schloß.

Am Abend dieses Tages setze ich mich noch an meinen Schreibtisch und denke über das Opfer nach. Dieses Thema taucht in den meisten Behandlungen auf.

In jedem Leben muß irgendwann ein oder auch mehrere Male irgend etwas geopfert werden. Aber das Kind – im Rumpelstilzchen das erstgeborene – als Opfer, ist das nicht zu grausam? Mir fällt ein, daß das Opfern der Erstgeburt ein ganz alter, ein Ur-Opfer-Brauch ist. Doch dieser Brauch beschränkt sich auf das bäuerliche Leben – da werden die erstgeborenen Tiere oder die ersten Früchte den Göttern mit der Bitte um weitere Fruchtbarkeit geopfert. Ich denke an Abraham, von ihm hat Gott die Opferung seines Sohnes Isaak gefordert. Isaak durfte aber schließlich am Leben bleiben; Abrahams Bereitschaft, seinem Herrn zu gehorchen, genügte Gott, und er schickte einen Widder, den Abraham dann voller Dankbarkeit schlachtete und Gott darbrachte. Ich überlege, was wohl Menschen, die vor langer Zeit Märchen als Be- oder Umschreibung dessen, was in ihnen vorging und womit sie sich gedanklich beschäftigten, erzählt haben, mit dem Motiv des Hergebens der Erstgeburt sagen wollten. Da es ein menschliches Thema ist, muß es das doch heute noch geben.

Plötzlich fällt mir ein, daß ich es sehr wohl aus der

Behandlung einiger meiner Patientinnen kenne. Diese Frauen haben ihr erstes Kind entweder einige Tage nach der Geburt, bei der Geburt oder während der Schwangerschaft verloren, im letzteren Fall oft ungewollt, manchmal aber auch gewollt. Bei jeder dieser Frauen hat das Hergebenmüssen des ersten Kindes, aus welchen Gründen auch immer, tiefe seelische Wunden hinterlassen. Meistens wird so ein Ereignis lange verschwiegen, fast vergessen, aber im Hintergrund warten Trauer oder Schuldgefühle, um – entweder getarnt als körperliches Symptom oder als nicht verstandene Depression – durchzubrechen. Bei der Patientin, um die es hier geht, gab es allerdings kein solches Ereignis – sie wird ihre eigene Version zu dem Kind-Opfer finden. Es ist ja nicht so, daß ein Märchen in allen seinen Einzelheiten auf das Schicksal eines Menschen bezogen werden kann. Außerdem sieht jeder Mensch »sein« Märchen aus seiner subjektiven, nur ihm eigenen Sicht.

Ich lasse in Gedanken die Lebensgeschichten der Frauen, die ihr erstes Kind verloren haben, an mir vorüberziehen. An einige erinnere ich mich noch deutlich; für jede dieser Frauen hatte das zunächst mit Verzweiflung erlebte Geschehen einen Sinn, der jedoch bei den meisten erst sehr viel später zutage trat. Die Frauen, die gewollt eine Abtreibung vorgenommen hatten, litten unter starken Schuldgefühlen. Sie »vergaßen« diese unangenehmen Gefühle zwar im Laufe der Zeit, das heißt, sie drängten sie ins Unbewußte zurück, doch äußerte sich das Schuldgefühl dann meist in körperlichen Beschwerden, die vielfach im Bauch- oder Genitalbereich lagen.

Ich erinnere mich an eine Patientin, die nach einer Vergewaltigung eine Abtreibung machen ließ. Ihr war die Vorstellung, ein Kind, das durch so ein schreckliches Erlebnis entstanden war, zur Welt bringen zu müssen, unerträglich. Später plagte sie sich einerseits mit Schuldgefühlen – »Abtreibung ist Sünde« –, andererseits haderte sie verbittert mit ihrem Schicksal: »Warum mußte mir das geschehen?« In diesem Konflikt fühlte sie sich innerlich zerrissen, sie kam sich schlecht und völlig wertlos vor, schaffte ihr Studium nicht mehr, versagte dann auch bei einer anderen Tätigkeit, die sie statt des angestrebten akademischen Berufs ergriffen hatte, und landete – seelisch völlig entkräftet – nach einem Selbstmordversuch in einer Nervenklinik. Als sie daraufhin zu mir kam, arbeiteten wir sehr lange an der von ihr immer wieder verzweifelt gestellten Frage, die manchmal wie der Schrei eines verwundeten Tieres klang: »Warum mußte das alles geschehen?«

Das ist auch die Frage, die ich mir beim Rumpelstilzchen-Märchen stelle. Warum gerät ein Mensch in eine so ausweglose Lage – was hat er selbst dazu beigetragen, und was hat das schließlich für einen Sinn? Die Müllerstochter hat ihr Kind nicht hergegeben, dafür mußte Rumpelstilzchen sterben. Ob sie danach Schuldgefühle hatte? Das Märchen schweigt darüber.

Im Leben der Patientin, die in der Nervenklinik wichtige Impulse zu einem Neuanfang ihres Lebens bekam, wendete sich dann doch alles zum Guten. Als sie das, was ihr geschehen war, als Opfer, das sie bringen mußte, betrachtete und es ohne Bitterkeit annahm, es bejahte, kehrte Ruhe in ihre Seele ein. Diese Ruhe wurde zunehmend auch in ihrer äußeren Erscheinung sichtbar, sie entwickelte sich zu einer gutaussehenden Frau. Das durchgestandene Leid, durch das sie innerlich gereift war, verlieh ihrem Gesicht sogar eine gewisse Schönheit. Inzwischen lebt sie mit einem sehr feinsinnigen Mann zusammen und erwartet ein Baby, auf das sie sich freut.

Eine andere Patientin – Frau K. – möchte ich noch kurz erwähnen: Sie verlor ihr erstes Kind nach nur sieben Monaten Schwangerschaft kurz vor der Geburt. Darüber war sie zunächst untröstlich, denn sie hatte sich das Kind sehnlich gewünscht. Aber sie machte nach diesem »Schicksalsschlag«, wie sie es nannte, eine Erfahrung, die sie nie vergessen wird und nicht missen möchte. Mich beeindruckte damals sehr, was sie mit etwa folgenden Worten beschrieb:

»Ich lag da, allein in einem weißen, nüchternen Zimmer des Krankenhauses, legte die Hände auf meinen Bauch, der jetzt leer war, und spürte den tiefen Schmerz in mir. Mein Kind ist tot – nichts auf der Welt kann es mir zurückbringen – es ist unwiederbringlich fort – es ist nicht mehr bei mir. Ich hatte mich so darauf gefreut, ich hatte es schon lieb, hab es durch meinen Bauch hindurch gestreichelt, hab mit ihm gesprochen, wenn wir beide alleine waren, hab alles, was es gebraucht hätte, liebevoll hergerichtet: ein Bettchen mit weißen Vorhängen, kleine Hemdchen und Jäckchen, ich hab ihm Schuhe und ein Mützchen gehäkelt, auch ein kleines weiches Schlaftier hab ich ihm gekauft. Jetzt braucht es das alles nicht, es ist fortgegangen und hat mich allein gelassen. – Mir tat alles weh, ich dachte: Was hat mein Leben jetzt noch für einen Sinn? Da fiel mein Blick durch das Fenster hinaus in den Garten, ich sah die Bäume und die Sträucher des Krankenhausparks – die Blätter bewegten sich leise im Wind, als wollten sie mir etwas sagen. Wie viele leid- und schmerzgeplagte Menschen habt ihr wohl schon gesehen, dachte ich. Ihr steht da, haltet das aus und wachst weiter, Tag für Tag, was hier drinnen in diesem Haus auch geschehen mag. Und plötzlich war mir, als seien weder Fenster noch Mauer zwischen mir und der Natur draußen. Ich war auf einmal mitten in ihr. Ein leiser, feiner Hauch umgab mich, wie ein zärtliches Streicheln. Ich atmete tief ein, und da zog ich sie in mich hinein, die Natur, die sich mir zugwandt hatte. In mir wurde es ganz still und ruhig – der Schmerz verebbte, eine wohlige Müdigkeit ließ meinen Körper weich und schwer werden. Ich dachte an mein Kind, das jetzt da draußen war, und ich wußte, es ist gut so, wie es ist. Mein Kind ist aufgehoben, es ist daheim. Ich werde es lieb behalten, und wenn ich an es denke, sehe ich es lächeln und weiß, daß es glücklich ist. Ich spürte auf einmal eine tiefe Verbundenheit zu der Natur draußen und zu meinem Kind, das ich ihr zurückgegeben hatte. Und diese Verbindung riß nie wieder ab.«

Das mystische Erlebnis, das diese Frau in einer schweren Stunde ihres Lebens hatte, weckte ihre bisher von ihr nicht wahrgenommene Religiosität. Doch war ihr Gottesbild nun nicht das christliche, mit dem sie aufgewachsen war, sondern eine Natur-Gottheit, für die sie allerdings keinen Namen fand. Sie sagte einfach »meine Natur« und hatte damit denselben Bereich der Großen Mutter gefunden, den auch die »Rumpelstilzchen-Patientin« fand. Oft wird der eigentliche, ganz persönliche Zugang zu Gott, ob es nun die weibliche oder männliche Seite ist, erst in einer Lebenssituation möglich, die verzweifelt oder ausweglos scheint.

Rumpelstilzchen

Ich erwarte gespannt die nächste Stunde mit meiner Patientin. Was hat sie wohl für sich und ihr Rumpelstilzchen herausgefunden? Ich vergegenwärtige mir noch einmal den Verlauf unseres letzten Gesprächs. Da ging es gegen Ende um eine neue Erlebensweise ihrer Sexualität, und sie meinte, sie beginne zu verstehen, was Eros ist. Ich freue mich, daß sie sich auf dieses wichtige Lebensprinzip einläßt, und stelle mich darauf ein, mit ihr über dessen Bedeutung im Leben einer Frau zu sprechen.

Doch die Stunde wird ganz anders, als ich sie mir vorgestellt habe.

Als sie kommt, setzt sie sich nicht wie sonst in den Sessel mir gegenüber, sondern auf den Fußboden direkt vor meine Füße.

»Ich bin Rumpelstilzchen«, sagt sie.

Einen Augenblick lang bin ich verblüfft, gehe dann aber auf ihr Angebot ein und benutze dabei bewußt das vertrautere »Du«. Ich spüre, daß sie das, was sie sich heute erarbeiten will, nicht mit ihrem Intellekt, sondern unmittelbar mit ihrem Gefühl erfassen möchte. »Was möchtest Du, Rumpelstilzchen?« frage ich.

Sie blinzelt ein wenig mit den Augen, wie es

kleine Kinder manchmal tun, wenn sie über etwas Wichtiges nachdenken, und antwortet:

»Ich möchte Dir sagen, wer ich bin und welche Aufgabe ich habe.«

»Das interessiert mich sehr, ich höre Dir gerne zu«, meine ich, und sie beginnt zu sprechen, wobei sie ihren Blick an mir vorbei in eine weite Ferne richtet:

»Ich bin uralt; ich bin da, seit es Menschen gibt. Manche sagen, ich bin ein häßlicher böser Zwerg voller Mißmut und gemeiner List, andere meinen, ich sei ein gar zu lächerliches Männchen, das es nicht wert ist, ernst genommen zu werden, wieder andere finden, ich bin ein armer, bedauernswerter Wicht – es stimmt alles – und es stimmt nicht. Denn dies alles ist nur die eine Seite meines Wesens.«

Sie schweigt, ihr Kopf sinkt nach unten, so als sei er von schwerer Last gebeugt. Ich warte eine Weile, dann fordere ich sie zum Weiterreden auf:

»Rumpelstilzchen, wie sieht Deine andere Seite aus?«

Sie schaut mich an, ihre Augen sind klar und hell. Dann steht sie auf, geht zwei Schritte nach rechts und läßt sich dort wieder auf dem Fußboden nieder. Ihr Gesicht scheint zu leuchten, als sie spricht:

»Ich bin ein Kind mit goldenen Haaren und glokkenhellem Lachen. Ich bin voller Lebendigkeit und lustiger Streiche, nie gehen mir die Ideen aus. Ich will spielen, tanzen und singen. Und neugierig bin ich! Auf alles, was es nur gibt. Dabei bin ich freundlich und guter Dinge – alle Menschen mögen mich.«

Sie lacht so vergnügt, wie ich sie noch nie hab lachen sehen.

»Wo kommst Du her, Rumpelstilzchen?« frage ich.

Wieder steht sie auf, geht einen Schritt nach links zurück und setzt sich gleichsam mitten zwischen die beiden Gestalten.

»Meine Mutter ist die Erde, mein Vater der Geist. Von ihr habe ich die Kenntnisse über alles Natürliche, Lebendige, sie gab mir Kraft und Mut, ließ mich tatfreudig und fleißig werden. Von ihm erfuhr ich, wie alles sich zusammenfügt, was Raum und Zeit bedeutet, was Vergangenheit und Zukunft ist.«

»Aha, dann bist Du nicht nur gescheit, sondern auch klug«, meine ich anerkennend.

Sie nickt und schaut mich erwartungsvoll an. Ich frage weiter:

»Wo lebst Du, Rumpelstilzchen?«

Ohne den Blick von mir zu wenden, antwortet sie mit fester Stimme: »Ich lebe in Dir und in . . . (sie nennt ihren Vornamen), ich bin in jeder Frau und in jedem Mann – mein Zuhause ist die Seele des Menschen.«

»Und was ist Deine Aufgabe?«

»Ich achte darauf, daß alles im Gleichgewicht bleibt. Meine Aufgabe ist, dafür zu sorgen, daß sowohl meine Mutter, die Erde, als auch mein Vater, der Geist, gleichwohl zu ihrem Recht gelangen, daß beide gleichermaßen beachtet und geachtet werden, daß keiner von beiden zu kurz kommt, daß stets der Ausgleich wieder hergestellt wird, wenn es mal zu einseitig zugeht. Ich bin verantwortlich für den Frieden. Wenn Einklang in den Seelen der einzelnen Menschen herrscht, dann herrscht auch Frieden in der Welt. Oder würde herrschen«, fügt sie etwas leiser hinzu.

»Rumpelstilzchen, Du sagst sehr ernste Dinge«, bemerke ich.

Wieder nickt sie und schaut mich weiter an.

»Verrätst Du mir jetzt auch, warum Du der Königin Kind haben willst?«

Ich sehe, wie sich das Gesicht der Frau vor mir etwas rötet und ihre Augen einen seltsamen, erregten Glanz bekommen, so als sehe sie einer sehr wichtigen Aufgabe entgegen. Ein drittes Mal steht sie auf und geht jetzt einen Schritt zurück. Sie bleibt stehen, zeigt mit ihrer linken Hand schräg nach unten, wo sie vorher als Zwerg saß, und sagt:

»Siehst Du, da sitzt das uralte, häßliche, böse, lächerliche, bedauernswerte Männchen.« Ich schaue in die angegebene Richtung und bestätige es.

»Und da«, sie weist mit der rechten Hand schräg von sich, »sitzt das neugeborene, unschuldige, lachende Kind.«

Ich bestätige auch dies, und sie fährt fort:

»Die beiden sind getrennt, aber sie gehören zusammen. Nur wenn ich beide zugleich bin, kann ich meine Aufgabe wahrnehmen, nur dann habe ich das ganze Wissen, nur wenn ich vollständig bin, kann ich für Ausgleich sorgen, denn ich bin das Gefühl für das Wesentliche. Werde ich aber in zwei aufgespalten, weißt Du, was dann geschieht?«

Ich schüttle den Kopf, merke dabei, daß ich fasziniert von der Arbeit bin, die meine Patientin hier leistet.

Sie läßt sich da, wo sie steht, zu Boden gleiten, und indem sie mich unverwandt anschaut, als sehe sie auf mir ihre Gedanken geschrieben, spricht sie weiter:

»Bevor ich Dir sage, was dann geschieht, muß ich ein wenig ausholen: Schon lange hat der Mensch mich in seiner Seele getrennt, er hat Gut und Böse auseinandergenommen, er hat sein Gefühl für das Wesentliche verloren, hat meine eine Hälfte, den häßlichen Zwerg, in die Dunkelheit des Waldes verbannt und meine andere Hälfte, das natürliche, lebendige Kind, vernachlässigt und verniedlicht. Seither versuche ich verzweifelt, wieder vollständig, ein Ganzes, zu werden. Immer, wenn ein Mensch in Not ist, wenn er leidet, wenn sein Leben ausweglos scheint – so wie bei der armen Müllerstochter –, besteht die Chance für mich. Dann komme ich und helfe, denn wie ich es Dir erzählt habe, verfüge ich über viele Kenntnisse und Kraft. Wenn dieser Mensch dann sein Herz für mich öffnet, sich demütig und dankbar erweist und mir seine neugeborene Lebendigkeit, sein Kind, gibt, belohne ich ihn reich – dann bin ich wieder als vollständiges, wissendes, das Gleichgewicht haltendes Gefühl in ihm, und es wird ihm gutgehen sein Leben lang. Wenn der Mensch aber, nachdem ich ihm geholfen habe, sich hochmütig von mir abwendet, nichts mehr von seinem Helfer wissen will, in seine alte Lebensweise zurückfällt und mich nicht seiner Liebe wert erachtet, dann . . .« Ihre Stimme hat jetzt einen harten, drohenden Klang, und ihre Augen funkeln, ». . . dann packt mich Verzweiflung und eine entsetzliche, ohnmächtige Wut, und all das Böse in mir lodert auf und zerstört das Wissen und die Kraft, die ich habe, endgültig. Zurück bleibt ein teilnahmsloser, für das Wesentliche gefühlloser Mensch mit einem schwachen, verhätschelten, lebensuntüchtigen Kind, das später in dieselben Schwierigkeiten geraten wird.«

Sie sinkt erschöpft in sich zusammen.

Ich atme tief durch, um mich von der Spannung, in die ich geraten bin, zu befreien, und fordere die Frau vor mir auf, das gleiche zu tun.

Dann sage ich:

»Und so, wie es dem einzelnen Menschen geht, so geht es der Gesellschaft, geht es uns allen.«

Sie hebt den Kopf und nickt. Ich frage:

»Wer sind Sie jetzt?«

»Ich bin wieder ich, die Frau – die neue Frau – nicht die Müllerstochter und nicht die Königin. Ich bin bereit, Rumpelstilzchen mein Kind zu geben. Ich will eine richtige Frau mit richtigem Gefühl sein.«

Sie lächelt und erhebt sich. Ich stehe auch auf, und spontan umarmen wir uns.

»Ich möchte jetzt gehen«, sagt sie, obwohl die Stunde noch nicht zu Ende ist.

»Ja«, meine ich, »Sie haben heute wirklich genug geschafft.«

Ich bin dankbar für eine kleine Pause, denn mich hat das Geschehen der vergangenen vierzig Minuten so gefangengenommen, daß ich Mühe habe, mich auf den nächsten Klienten zu konzentrieren.

Später, nachdem ich die Arbeit für diesen Tag

beendet habe, gehe ich in Gedanken noch einmal die so außergewöhnlich verlaufene »Rumpelstilzchen-Stunde« durch. Ihr Satz: »Ich will eine richtige Frau mit richtigem Gefühl sein«, klingt noch in meinen Ohren. Was ist eine »richtige Frau«? überlege ich. Was mag sie darunter verstehen, was verstehe ich unter »richtige Frau«? Gibt es ein objektives Verständnis dafür?

Was ist eine richtige Frau?

Was bedeutet Frausein in der heutigen Zeit, in unserem westlichen Kulturkreis? Bestimmt große Verunsicherung und für viele Ratlosigkeit. Aber auch eine Chance. Ich glaube, wir leben in einer Zeit der großen Umbrüche. Es ist heute nicht allzu schwer, auf den verschiedensten Gebieten Veränderungen herbeizuführen, viel leichter, als es noch vor hundert Jahren war. Die Frauen wissen das, sie haben sich aufgemacht zu neuen Zielen. Sind es die richtigen? Sie wollen sich befreien aus der Herrschaft der Männer. Tun sie es wirklich, wenn sie sich in die Welt der Männer hineinbegeben, Berufe ergreifen, die bisher den Männern vorbehalten waren, nach Gleichberechtigung rufen und dann Frauenzeitschriften gründen und Frauenlokale eröffnen, ihren Töchtern und sich selbst Hosen anziehen, aber ihre Söhne nach alten Mustern und übernommenen Regeln erziehen? Diese Wege, die Frauen in den Frauenbewegungen gehen, muten mich manchmal an wie ein Labyrinth. Da ist der Weg zum Zentrum weit. Gibt es einen kürzeren, der zugleich effektiver ist? Ich glaube ja. Voraussetzung für diesen Weg wäre aber, daß die Frauen Frieden schließen mit dem Mann, nicht nur mit dem vor ihnen, sondern vor allem auch mit dem inneren. Denn mehr noch als der äußere beherrscht der innere – Meinungen und Besserwisserei produzierende – Mann viele Frauen. Der Frieden mit ihm ist auch deshalb Voraussetzung für das echte Frausein, weil meines Erachtens die Aufgabe der Frauen in der Welt das Sorgen für den Frieden ist, beziehungsweise sein sollte. Ich möchte das ganz besonders betonen: Das vorherrschende Lebensprinzip der Frau ist natürlicherweise der Eros, und Eros bedeutet das Verbindende, er ist irrational, gefühlhaft, empfangend, aushaltend, abwartend, gebend, auch nach-gebend, ver-gebend. Dem Eros werden vier Tugenden zugeschrieben. Es sind: Klugheit, Tapferkeit, Gerechtigkeit und Maß. Für das Lebendigbleiben (oder wieder-werden) dieser menschlichen Grundtugenden zu sorgen wäre die große Verantwortung der Frauen, denn sie sind meist diejenigen, die den größten Einfluß auf die Erziehung der Kinder haben. Für eine von dieser Überzeugung geleitete Mutter wäre die Erziehung der Kinder eine schöne und wertvolle Tätigkeit. Mit dieser Einstellung kann keine Hausarbeit mehr langweilig oder gar minderwertig sein; im Gegenteil, die Haus-Frau, die Frau, die dafür sorgt, daß ihre Kinder sich in einem von ihr geschützten Raum entfalten können, ist Trägerin des Friedens in der Welt, sie baut das Fundament für die Zukunft der Menschheit. Ihre Söhne werden eines Tages – aktiv oder passiv – Politik machen, und ihre Töchter werden weitergeben, was sie bei der Mutter erfahren haben.

Wollen wir Frauen diese Chance, die Macht in unseren Händen ist, ungenützt vorübergehen lassen?

Was hindert uns, ja zu sagen zu unserer wahren Bestimmung? Ist es eine tiefe Angst? Ist es die Angst, die Bachofen in seinem Werk »Das Mutterrecht« folgendermaßen beschreibt: »Mit der Zeugung beginnt das Reich des Todes. Als Amazone ist Antiope allem Schmerz enthoben, als Mutter verfällt sie dem Kummer, der in dem Todeslos aller Zeugung seinen Grund hat. Aber das ist die Naturbestimmung des Weibes, das die Aufgabe der männlichen Kraft. Nur in der ewigen Zeugung und in dem gleichewigen Tode liegt die Unsterblichkeit, die nie dem Individuum, sondern nur dem Geschlechte als solchem zu Teil werden kann. In dieser Bedeutung wurzelt die Grabbeziehung des Amazonentums, insbesondere diejenige Antiopes. Daß alles Geborene dem Tode anheim fällt, darf das Weib nicht bewegen, amazonische Jungfräulichkeit dem Muttertum vorzuziehen. Vielmehr soll es gleich Antiopen jenem entsagen und freudig diesem entgegengehen.«

Ich höre jetzt die Proteste vieler Frauen: »Und was ist mit meiner Selbstverwirklichung, darf ich nicht alle meine Fähigkeiten leben?« Ich meine, das eine schließt das andere nicht aus. Es gibt viele Mütter, die, nachdem ihre Kinder ins Kindergarten- oder Schulalter gekommen sind, wieder in ihren Beruf zurückgehen und es gleichzeitig verstehen, ihre tief empfundene Mütterlichkeit und Weiblichkeit auszustrahlen. Ebenso gibt es Männer, die ganz oder zum Teil den Haushalt und die Kinder versorgen und sich trotzdem den Bezug zu ihrer wahrhaften Männlichkeit bewahren.

Ganz Frausein und ganz Mannsein hängt eben

nicht von der äußeren Tätigkeit, sondern vom inneren Verständnis ab.

Zwei Beispiele von anderen Klienten möchte ich hier einflechten. Zuerst einen Ausschnitt aus einer aktiven Imagination von einer Frau:

»Ich saß in der Sonne, bewegte mich nicht. Die Straße, staubig, war leer, niemand weit und breit. An der Mauer, an die ich mich lehnte, prallte die Hitze ab, dahinter schien es kühl zu sein. Ich schloß die Augen. Auf einmal lachte jemand neben mir. Ich schaute auf, da stand ein Mann in schmutziger, abgerissener Kleidung. Sein Gesicht war von einem um Mund, Hals und Schultern geschlungenen Tuch halb verdeckt, ich sah nur zwei funkelnde schwarze Augen.

›Du sitzt hier und schläfst‹, sagte er, ›während sie auf Dich wartet.‹

Ich sah ihn verständnislos an: ›Wer wartet auf mich?‹

Sein Lachen wirkte wie kühler Wind, der über mich hinweg blies. ›Steh auf, ich bringe Dich zu ihr.‹

Wir gingen die staubige, heiße Straße entlang, um uns herum war Wüste, die in der Sonne brannte. Am Ende dieser Straße, mitten im Wüstensand, standen ein paar Zelte. Vor dem größten saß, bewegungslos, die Königin von Saba. Sie trug ein weißes, golddurchwirktes Kleid. Unbeweglich war ihr dunkles Gesicht; nur die Augen lebten. Was war das für ein Leben, in das diese Augen sahen?

›Was siehst Du?‹ fragte ich die Königin.

›Ich sehe, daß ich reich bin und arm, mächtig und einsam. Ich sehe Menschen um mich herum, sehr viele, aber ich bin allein. Diese Menschen‹, sie deuteten mit der Hand auf die hinter ihr liegende Stadt mit in der Sonne glänzenden Kuppeln, ›sind zum großen Teil dumm, aber sie leben alle zusammen. Ich kann das nicht. Ich brauche Zeit, viel Zeit, um Wissen zu sammeln, da darf mich niemand stören. Ich habe keine Zeit, dazusitzen, mit jemandem zu schwatzen, zu lachen oder unsinnige Dinge zu tun.‹

›Unsinnige Dinge?‹

›Ja, das, was Frauen im allgemeinen so tun. Zum Beispiel sich hinlegen und . . .‹

Sie schwieg und starrte in die Wüste.

Nach einer Weile sprach sie weiter, ihre Stimme klang bitter: ›Salomo ist auch so ein Mann. Ich dachte, er wäre anders, sonst wäre ich nicht zu ihm gegangen, hätte nicht die Mühen der weiten Reise auf mich genommen. Ich hörte von ihm als von einem weisen König, einem Herrscher, reich an Wissen, Klugheit und Macht. Ich dachte, ich könnte noch bei ihm lernen. Zuerst beantwortete er auch alle meine Fragen, aber dann sprach er nur von meiner Schönheit und daß ich eine Frau sei, die an seiner Seite liegen und seinen Sprüchen lauschen solle. Ha‹, sie machte eine wegwerfende Handbewegung, ›nicht mit mir! Ich bin nicht die Frau, die einem Mann untertan ist. Auch nicht Salomo. Ich bin eine Herrscherin, die keinen König über sich duldet.‹ Ihre Augen blitzten im hellen, klaren Licht.

›Was wirst Du tun?‹ fragte ich die Königin.

›Nun, ich reise in meine Heimat zurück. Ich bin nicht auf die Gunst Salomos angewiesen. Ich bin reich, ja, ich brachte Salomo zahlreiche Geschenke.

Ich habe viele Schriftgelehrte, die für mich arbeiten, mit ihnen werde ich sprechen.‹

Der Mann mit dem Tuch vor dem Gesicht, der mich hergeführt hatte, verbeugte sich vor der Königin, seine Stimme klang spöttisch, als er sagte: ›Dann wünsche ich Eurer Majestät eine gute Heimreise und viel Spaß beim Lesen der sieben Säulen der Weisheit.‹

Jetzt sah das Gesicht der Königin tieftraurig aus, ihre Augen blickten glanzlos, wie verloschen, in die Weite.«

Die Frau, eine vom Intellekt faszinierte Lehrerin, wurde in dieser aktiven Imagination mit ihrer vom Logos besessenen Seite konfrontiert. Sie verstand die darin enthaltene Warnung, nicht der Gefahr eines einseitigen Verlangens nach immer mehr Wissen zu unterliegen, sich davon beherrschen zu lassen. Die Königin von Saba personifizierte die Einsamkeit, die daraus folgen würde, und das Bild der lebensfeindlichen Wüste zeigte unerbittlich die drohende Konsequenz, von diesem Verlangen regelrecht »verbrannt« zu werden. Der sie begleitende Mann stellt dagegen die Seite ihrer inneren Männlichkeit dar, die unverbildet, unkompliziert und noch natürlich lebt. Mit ihm mußte sie sich im Laufe ihrer aktiven Imagination noch sehr auseinandersetzen, er sagte ihr ganz unverblümt und oft auch grob, was er von ihrer Weiblichkeit hielt, nämlich nichts, und brachte sie schließlich dazu, ihren intellektuellen Hochmut zu opfern und sich in eine erotisch anziehende Frau zu verwandeln.

Um einem möglichen Mißverständnis vorzubeugen: Auch die Frau darf intelligent und geistreich sein, es geht hier nicht um eine Verherrlichung des »Heimchens am Herd«. Doch ist es wichtig, daß beide Lebensprinzipien: Eros und Logos, angemessen verteilt sind und die richtige Reihenfolge einhalten: Bei der Frau steht Eros an erster, Logos an zweiter Stelle. Beim Mann ist es umgekehrt, der Verstand geht voran, das Gefühl soll folgen. Es soll nicht nachhinken wie ein lahmer Gaul, wie es leider bei vielen Männern der Fall ist.

Daß auch der Mann den Eros braucht, möchte ich am folgenden Beispiel schildern. Ein beruflich sehr tüchtiger und erfolgreicher Mann, in der Krise seiner Lebensmitte von Ängsten und Zweifeln geplagt, träumte:

»Ich befinde mich in einem sehr hochgelegenen Schloß, auf dem ich dienstlich zu tun hatte. Ich dachte und sagte zu einem Freund, daß ich hier meine Hochzeit mit C. feiern könnte. Als Schmuck für sie stellte ich mir je eine Sonnenblume rechts und links neben ihr vor. Ich sah dann C nackt zwischen den beiden Sonnenblumen. Es war ein wunderschönes Bild, ich hatte ein tiefes verbindendes Gefühl zu ihr und dem Kosmos.«

Die Seele dieses Mannes war es leid (er litt unter seinen Zweifeln und Ängsten), stets vernachlässigt zu werden, weil Denken und Beruf (das Schloß auf dem hohen Berg, in dem er dienstlich zu tun hatte) zu viel Zeit in Anspruch nahmen. Sie präsentierte sich ihm deshalb in dem Bild der Frau, die er liebte, und den beiden Sonnenblumen, die Ausdruck seines natürlichen Gefühls sind. Die Vorstellung der Hochzeit heißt: Verbinde das eine mit dem anderen, das Denken mit dem Gefühl, den Beruf mit der Liebe. Nur wenn beides zu seinem Recht kommt – das ist bei Männern so und bei Frauen –, stellt sich das tiefe Gefühl der Verbundenheit, des Einssein mit dem Kosmos, ein.

Freundschaft schließen

»Die Wasser der Ewigkeit trinkend
finde ich Dich,
mein herrlicher Freund,
in dem spielenden Wind,
den ich mit meinen Haaren einfange.
In der dienenden Erde,
die ich mit meinen Füßen trete,
im allumfassenden Licht,
das meine Seele durchdringt,
meinem Geist die Freiheit gibt,
wissend die Welten vergessend,
einzutauchen in die Wahrheit
der Unendlichkeit,
dort finde ich Dich,
mein herrlicher Freund.
Du atmest im Wind
und wohnst in mit.«

Nachdem meine Patientin mit Hilfe des Unbewußten den Sinn ihres Rumpelstilzchens gefunden hatte, schrieb sie dieses Gedicht und brachte es in die nächste Stunde mit.

»Ich weiß jetzt«, sagt sie, »daß ich einen Freund

habe, der mich nie verlassen wird – es sei denn, ich schicke ihn selber weg.«

»Wie könnten Sie das tun?« frage ich.

»Indem ich in meine alten Gewohnheiten, in meine Passivität und in meine sentimentalen Stimmungen zurückfalle, indem ich mir selber Angst mache, wo keine wirkliche Gefahr besteht, indem ich mich düsteren Zukunftsvorstellungen hingebe und mich von den Schmerzen der Vergangenheit einholen lasse. Das will ich nicht mehr. Ich will mich nicht mehr von der Stimme meines Vaters in mir einschüchtern, mich wie die Müllerstochter in eine Kammer voll Stroh sperren lassen. Ich will nicht mehr passiv, mit ins Schicksal ergebener Duldermiene dasitzen und was auch kommt leidend über mich ergehen lassen. Ich will nicht mehr achtlos mit mir sein, mich, meinen Körper und meine Seele, vernachlässigen. Das alles will ich nicht mehr!«

Sie spricht mit klarer, lauter Stimme, hält ihren Kopf gerade – nicht wie früher leicht zur Seite geneigt – und schaut mich offen und konzentriert an.

»Was wollen Sie statt dessen?« frage ich.

Ohne lange zu überlegen, antwortet sie, und ihre Augen beginnen dabei zu leuchten: »Ich will mit diesem Freund in mir leben. Ihn will ich um Rat fragen, wenn ich nicht weiter weiß, will ihn zu meinem Begleiter, meinem Führer machen. Ich will mich aktiv meiner Seele und meinem Körper zuwenden, will auf meine Träume achten, sie festhalten, ich will auf alles acht geben, was das Unbewußte mir anbietet, will malen und schreiben. Ich will mich pflegen und meine Aufgaben wahrnehmen, ich will mich auch nötigen Auseinandersetzungen stellen und nicht vor ihnen davonlaufen.«

»Das ist besonders wichtig«, sage ich, denn ich weiß, das ist immer noch der wunde Punkt bei ihr.

Sie schweigt ein paar Minuten, dann meint sie mit einem kleinen schelmischen Lächeln um die Mundwinkel:

»Aber wenn es gar zu arg wird, helfen Sie mir, nicht wahr?«

»Sie wollen sich doch keine düsteren Zukunftsvorstellungen mehr machen«, sage ich mit ein wenig übertriebener Strenge. Sie lacht.

»Ich helfe ihnen«, fahre ich fort, »wenn Sie zuerst das Ihre tun.«

»Ja, das will ich tun«, verspricht sie fest und fügt lachend hinzu: »Ich weiß ja jetzt, daß ich nicht klein, dumm und hilflos bin, sondern daß ich eine starke Kraft in mir habe.«

Ich nicke: »Die Kraft der Mutter und des Vaters.«

»Meinen Sie meiner persönlichen Eltern?«

»Auch«, antworte ich, »aber nicht nur. Sie haben auch Zugang zu den Kräften des großen Mütterlichen und Väterlichen, aber nur mit Ihrem Begleiter. Er ist wie ein Sesam-öffne-dich zu diesen verborgenen Schätzen. Er zeigt Ihnen den Weg dorthin.«

»Hat jeder Mensch so einen Freund in sich?«

»Natürlich. Man muß sich dessen Existenz nur bewußt machen. Und wie das mit Freundschaften so ist: man muß sich auch mit ihm – oder ihr – auseinandersetzen, man muß sich gegenseitig durch und durch kennenlernen. Das Schlimmste ist die Nichtbeachtung – dann wird aus einem Freund leicht ein Feind. Und der kann großen Schaden anrichten.«

Sie lächelt und meint dann nachdenklich: »Wenn die Königin, statt gleich zu lamentieren, ihren Verstand gebraucht und sich für Rumpelstilzchen interessiert, also eine Beziehung zu ihm aufgenommen hätte, ob dann das Märchen anders ausgegangen wäre?«

»Bestimmt«, sage ich mit Überzeugung. »Das ist ja das Verhängnis in diesem Märchen, daß die Beziehung darin fehlt. Weder der Vater noch der König haben eine Beziehung zur Müllerstochter. Sie interessieren sich nur für sich selbst. Und die Müllerstochter ihrerseits fragt nicht nach dem wahren Wesen des Rumpelstilzchens. Wenn man es nicht versteht, Beziehungen aufzubauen, weder zu seinen Mitmenschen noch zu sich selbst, bleibt man in der Isolation zur Umgebung und getrennt von seinen inneren Kräften.«

»Also hat die Beziehung eine sehr wichtige Funktion?«

Ich bestätige es: »Das Leben ist auf die Beziehung angewiesen: das Baby auf die Mutter, der Erwachsene auf die anderen, das handelnde Ich auf die Kräfte der Seele und des Geistes, der Mensch auf die Erde, die Erde auf die Sonne und diese auf die anderen Sterne und Systeme im Kosmos.«

»Und Rumpelstilzchen auf das Kind der Königin.«

»Ja, denn nur durch das menschliche Bewußtsein können die Kräfte des Unbewußten zu ihrer Wirksamkeit gelangen. Nur durch das Geborenwerden in die menschliche Realität können die Inhalte des Unbewußten für den Menschen lebendig und handhabbar werden. Wir müssen, wenn wir uns die im Unbewußten schlummernden Kräfte zu eigen machen wollen, mit ihnen in Beziehung treten, sie zur Kenntnis nehmen, sie ansprechen, ihnen zuhören, zurückfragen, warten, uns mit ihnen auseinandersetzen, und schließlich mit ihnen Freundschaft schließen.«

»Was ist, wenn wir das nicht tun?« fragt sie.

»Das kommt darauf an: Wenn die Inhalte dem Bewußtsein nicht zu nahe kommen, sich nur ein wenig nähern, können sie wieder ins Unbewußte zurückfallen, so wie die Erde, weil sie weit genug weg ist, die Sonne umkreisen kann, ohne von ihr Schaden zu nehmen. Wenn die Inhalte, zum Beispiel in Form von Gestalten wie Rumpelstilzchen oder anderen Märchenfiguren, sehr nahe an die Bewußtseinsschwelle eines Menschen geraten . . .«

»So wie bei mir das Rumpelstilzchen?«

»Ja, genau! Wenn sich dieser Mensch dann nicht sehr ernsthaft mit ihnen auseinandersetzt, mit ihnen in Beziehung tritt, dann verselbständigen sie sich, machen was sie wollen, geraten gewissermaßen außer Rand und Band und nehmen die Nichtbeachtung sehr übel. Dann geschieht, was der Sage nach Ikarus geschehen ist: Er kam der Sonne zu nahe, seine wächsernen Flügel schmolzen, und er stürzte ab. Oder sie geraten in schreckliche Wut wie Rumpelstilzchen, vernichten sich selbst, und das heißt für den betreffenden Menschen, daß er selbstzerstörerischen Kräften ausgesetzt ist. Das kann sehr gefährlich sein. So ist es überhaupt mit allem, was nicht geachtet wird: es beginnt, sich zu verselbständigen, und da es dann nicht mehr kontrolliert werden kann, richtet es allerhand Unsinn und Schaden an.«

»Ja«, bestätigt sie, »wie meine Kinder, wenn ich sie längere Zeit sich selbst überlasse.«

»Deshalb ist es besonders wichtig«, füge ich hinzu, »daß wir uns nicht scheuen, auch das, was uns nicht so gut gefällt, zu beachten und uns damit zu beschäftigen, zum Beispiel mit dem Häßlichen und dem Bösen.«

»Das verstehe ich jetzt erst richtig«, sagt sie, »vor einiger Zeit noch habe ich es mehr geahnt als verstanden, aber jetzt ist es mir ganz klar.«

»Das ist wichtig«, meine ich abschließend, »denn nur wenn Sie das, was Sie zunächst in sich ahnen und gefühlsmäßig erfassen, dann auch ganz bewußt in Ihren Verstand aufnehmen, haben Sie sich das Erarbeitete unwiderruflich zu eigen gemacht.«

Sie hört mir aufmerksam zu, dann bittet sie um einen Kugelschreiber, schlägt ihr Buch auf, aus dem sie mir zu Beginn der Stunde das Gedicht vorgelesen hat, und schreibt sich ein paar Notizen über unser Gespräch hinein.

Ich lege stets großen Wert darauf, daß nach Stunden, die sehr gefühlsbetont waren, immer wieder auch rationale Gespräche über das Gewesene stattfinden – eben damit das Erarbeitete richtig gespeichert werden kann.

»Für heute habe ich nur noch eine Frage«, sagt sie, »warum hat Rumpelstilzchen der Königin versprochen: Du darfst Dein Kind behalten, wenn Du in drei Tagen meinen Namen errätst?«

Ich schüttle den Kopf und antworte:

»Das weiß ich nicht. Hüten Sie sich davor, allzu viele Fragen zu stellen, alles bis ins Letzte wissen zu wollen. Lassen Sie dem Unbewußten noch ein paar Geheimnisse, sonst kann es Ihnen ja später nichts mehr offenbaren.«

Sie lächelt ein bißchen verlegen.

»Ich weiß«, sagt sie, »ich will ja auch nicht mehr in meine alten Gewohnheiten zurückfallen. Die Seele läßt sich nicht zwingen und nichts abtrotzen. Ich werde warten.«

Auch zur folgenden Stunde bringt sie ein Gedicht mit – sie hat inzwischen, soweit es ihre Familie zuläßt, ihre künstlerische Tätigkeit, vor allem das Malen, zur Hauptbeschäftigung erweitert. Dieses Gedicht soll hier die Geschichte von Rumpelstilzchen beenden:

»Seele, lerne fliegen,
Geist erhebe Dich
von dem Schlaf,
der Dich vor der Blindheit der Welt schützte.
Es dämmert der Morgen
der Erkenntnis.
Wissend kannst Du nicht tun,
als sähest Du nicht.
Das Herz, von dem die Angst gewichen,
läßt Dich erwachen.
Betrete schauend
die Brücke des Lichts
und werde,
wozu Du geboren:
Frei!«

Nachwort

»Und wenn sie nicht gestorben sind, so leben sie noch heute.«

Inzwischen ist es Weihnachten geworden, das Manuskript liegt fertig vor mir – wieder ist eine Arbeit abgeschlossen, es kann eine Zeit der Ruhe und Beruhigung eintreten, denn das Schreiben eines Buches ist auch etwas Erregendes. Auf das Sich-Äußern muß jetzt das Sich-nach-innen-Kehren folgen, wenn die Seele im Gleichgewicht bleiben soll. Welche Zeit ist besser dazu geeignet als die um Weihnachten, die Zeit, in der wir uns dem göttlichen Kind zuwenden, nicht nur dem, das vor bald 2000 Jahren in Bethlehem geboren wurde, sondern auch dem, das jedes Jahr wieder in unserer Seele lebendig wird. Die Sehnsucht nach dem stets sich erneuernden Leben ist so stark im Menschen, weil damit die Hoffnung auf Liebe, Freude und Glück verbunden ist. Denn jedes Kind kommt liebend zur Welt, es ist ausgestattet mit der Bereitschaft zu lieben. Das ist der göttliche Funke, der mit jedem Neugeborenen im menschlichen Dasein aufleuchtet. Wenn wir in glückliche Kinderaugen sehen, wenn wir fröhliches Kinderlachen hören, wenn kleine, weiche Ärmchen sich um unseren Hals legen, kleine Köpfchen sich an uns schmiegen, können wir diesen göttlichen Funken als Liebe in unserem Herzen spüren. Und wir sind bereit, sehr viel dafür zu tun, uns für diese Augenblicke des Glücks anzustrengen. Die Sehnsucht nach Liebe ist die große, vorwärtstreibende Kraft in unserem Leben.

Mir fällt ein Film ein, den ich vor kurzem gesehen habe: »Eine wunderbare Liebe.« In diesem Film erfährt ein überaus häßlicher Mann (Michel Simon), daß er schwer herzkrank ist und ihm wohl nicht mehr viel Zeit zum Leben bleibt. Er überdenkt sein bisheriges Leben, und ihm wird klar, daß er noch nie die Erfahrung zu lieben und geliebt zu werden machen durfte. Als er die liebevolle Begegnung seines Arbeitskollegen mit dessen Töchterchen sieht, entsteht in dem häßlichen, alten Mann der Wunsch, einmal ebenso lieben zu dürfen und geliebt zu werden. Diese Sehnsucht mobilisiert alle seine Kräfte und kreativen Fähigkeiten. Er gewinnt eine Menge Geld in der Spielbank von Monte Carlo, das er als von Gott geschenkt betrachtet, und kann damit eine schöne Tänzerin gewinnen, sein Kind zur Welt zu bringen. Er benützt das Geld, um die Zukunft seines noch ungeborenen Kindes zu sichern: angefangen von zwei Kühen, die er kauft – eine, um dem Kind Milch zu spenden, eine als Ersatz –, bis hin zur exklusiven Schulausbildung organisiert er alles aufs sorgfältigste. Er gewinnt dabei neue Lebensfreude und Kraft, es ist die schönste Zeit seines Lebens. Aber er muß sich auch mit seinen mißgünstigen und habgierigen Verwandten auseinandersetzen, die ihm sein Geld nehmen und sein Glück zerstören wollen. Diese Auseinandersetzung, die er nie zuvor in seinem Leben gewagt hat, gelingt ihm: In einem berechtigten Wutanfall schlägt der geduldige und gutmütige Mann endlich den Krämerladen der Verwandten kurz und klein, der als Ausdruck für deren kleinliche, die Pfennige zählende Lebenseinstellung steht.

»Schlagkraft« ebenso wie Durchsetzungsfähigkeit, Selbstbehauptungswille und Verteidigungsbereitschaft sind die zweite große Kraft im Leben des Menschen. In einem Wort zusammengefaßt heißt sie: Aggression. Sie ist wichtig, damit Hindernisse auf dem Weg zum Lebensziel weggeräumt oder überwunden werden können. Manchmal ist sie auch einfach nur zum Durchhalten und Ausharren nötig, wenn Zweifel und Unsicherheit von innen her ihr böses und zersetzendes Gift verspritzen. Denn die dritte Kraft, die im Menschen stets wirkt – mal mehr, mal weniger stark –, ist die, die ihn hemmt, zurückzieht, ihm zuflüstert: »Gib auf, es hat doch alles keinen Sinn, geh' dahin zurück, wo du hergekommen bist, überlaß dich dem Tod.« Diese Kraft stellt die Bereitschaft zum Kranksein her, macht unvorsichtig, provoziert Unfälle, läßt den Organismus schneller als nötig altern und entwickelt Selbstmordgedanken. Sie besteht aus den Gefühlen Enttäuschung, Verzweiflung, Resignation.

Diese letzte Strebung war bei dem Mann im Film stärker als die beiden anderen, sie hatte ihn in Form der Herzkrankheit bereits fest gepackt, und die beiden anderen, die Sehnsucht nach Liebe und der Wille zur Selbstbehauptung, konnten ihr nicht standhalten und gaben nach. In dem Augenblick, als ihm gesagt wurde, daß er Vater eines Sohnes geworden war, hörte sein Herz auf zu schlagen, und er starb. Dieses mißhandelte Herz, das Liebe gerade erst kennengelernt hatte, konnte sein Glück nicht fassen – denn er hatte nun nicht nur einen Sohn, sondern auch eine Frau, die ihn liebte, die ihn nicht mit dem Geld, das er ihr für das Kind gegeben hatte, verlassen wollte – und blieb stehen.

Ich sehe in diesem Film eine Parallele zu Rumpelstilzchen: das Bedürfnis des »gar zu lächerlichen Männchens«, geliebt, durch ein Kind vollendet zu werden, und die Bereitschaft, viel dafür zu tun. Das Ende ist allerdings unterschiedlich: der Mann im Film bekommt Liebe und ein Kind, aber er ist wie ein hohler Baum, seine Lebenskraft reicht nicht mehr aus; Rumpelstilzchen wird beides verwehrt, und mit der Kraft der Verzweiflung zerstört es sich selbst. Ob die Lebenskraft eines Menschen, die Kraft, die ihn voller Neugier, Sehnsucht und Hoffnung vorwärtstreibt, stark wird, hängt wohl weitgehend davon ab, ob das Potential an Liebe, das er mit auf die Welt bringt, ein entsprechendes Echo erfährt, ob seine Liebe und damit er selbst angenommen wird oder nicht.

In der »Geschichte vom Meister des Gebets« ist es ein Kind, das die Seelen von Menschen, die erstarrt und vom Materialismus geblendet sind, läutert und sie dadurch wieder für den Sinn des Lebens öffnet.

». . . Sie zogen mit dem König dahin und kamen auf dem Weg, den er ihnen wies, in ein Land, das war das Land der Freude, und in Freuden wurden sie von dem Volke des Landes empfangen. Dieses war das Volk, das in den Tagen des Widerstreits sich der Freude angelobt hatte und in die Welt gegangen war, sich den Freudigsten zum König zu erwählen. Doch da war nirgends ein Lachen, in dem eine Seele weste, jedes war brüchig und bitter. So suchten sie eine lange Zeit. Aber an einem Morgen kam ihnen auf der Landstraße ein Kind entgegengelaufen, das lief allein und lachend, seine strahlenden Locken umflatterten es, und es breitete die festen kleinen Arme im Morgenwind. Es lachte Steine, Bäume und Tiere an, als erzählten sie ihm etwas. Da sprachen die wandernden Leute zueinander: ›Wo ist auf Erden eine Freude wie diese? Alle Menschen lachen über irgendeinem anderen Geschehen, und ihr Lachen zerschellt an irgendeinem andern Geschehen. Aber dieses Kind lacht dem Leben zu, als trüge es in sicherem Sinn alles, was geschehen wird, und seine Freude nährt sich am Glanz der künftigen Dinge.‹ Sie erkoren das Kind zu ihrem Herrn. Das berichteten sie nun dem König und den Seinen. Während sie noch sprachen, kam das Kind lachend auf sie zugelaufen und breitete allen seine Arme entgegen.

Dieses war die Stunde der Freude. Die närrischen Götter aus dem Lande des Reichtums standen da und gafften und konnten ganz und gar nicht verstehen, welches Glück ihre Begleiter überkam, da sie doch nirgends Gold oder Goldeswert empfangen hatten.

Nun geschah es aber, daß von den Reichen

einer etliche der Goldmünzen, die er bei sich trug, zu Boden fallen ließ. Das Kind richtete seine Augen darauf, die glitzernden Scheiben gefielen ihm, es nahm sie auf, warf sie in die Luft und lachte. Da fiel der Same des Lachens in die tauben Herzen und keimte in ihnen auf. Die Männer sprachen zueinander: ›Wie geht es zu, daß unsere Seele auf diese blanken Dinger gestellt ist?‹ Eine große Angst vor dem Innern ihres Lebens beschlich sie, plötzlich erschien es ihnen ohne Sinn . . . Auch die kleinen Leute schämten sich dessen, daß sie bisher in ihren eigenen Augen so klein gewesen waren, nur weil sie kein Geld besaßen.

. . . Und da dies geschehen war und sie wieder Macht hatten über die Seelen des Menschengeschlechts, sandte sie der König in alle Länder aus, allen Wahn zu heilen, alles Irre zu klären und alle Verwirrung zu lösen. Die Völker wurden geläutert, alle wendeten sich dem wahren Sinn des Lebens zu und gaben sich Gott zu eigen.«

Aus: Martin Buber, Die Geschichten des Rabbi Nachman, Fischer Bücherei, Frankfurt am Main und Hamburg.

Weisheit im Märchen
Herausgegeben von Theodor Seifert

Die Autoren der Reihe zeigen am Beispiel je eines Märchens Entwicklungswege zur Lösung eines typischen Lebenskonflikts.

Neben dem vorliegenden Band sind erschienen:

THEODOR SEIFERT · SCHNEEWITTCHEN
Das fast verlorene Leben
147 Seiten, gebunden

INGRID RIEDEL · HANS MEIN IGEL
Wie ein abgelehntes Kind sein Glück findet
121 Seiten, gebunden

HELMUT REMMLER
DER KÖNIGSSOHN,
DER SICH VOR NICHTS FÜRCHTET
Mit vierzig fängt das Leben an
134 Seiten, gebunden

VERENA KAST · DER TEUFEL
MIT DEN DREI GOLDENEN HAAREN
Vom Vertrauen in das eigene Schicksal
120 Seiten, gebunden

HILDEGUNDE WÖLLER · ASCHENPUTTEL
Energie der Liebe
120 Seiten, gebunden

Weitere Bände sind in Vorbereitung

Kreuz Verlag

Ursa Krattiger

Die perlmutterne Mönchin

Reise in eine weibliche Spiritualität

240 Seiten, Englische Broschur

Eine »Nonne« mag sich Ursa Krattiger nicht nennen, weil dies eine zu fremdbestimmte Bezeichnung ist. Als »Mönchin« charakterisiert sie sich wegen ihrer inneren Gerichtetheit auf spirituelle Erfahrungen. Im matten Schimmer des Perlmutt erkennt sie das Symbol der Tiefe, die sie in sich entdeckt hat.
Ursa Krattiger schildert in einer autobiographischen Zwischenbilanz ihren Weg aus kleinbürgerlich-kirchlichem Milieu zum Feminismus. Die begabte Schülerin, eifrige Studentin und politisch engagierte Journalistin »fällt« durch die Begegnung mit der feministischen Theologie »heraus« aus den Zusammenhängen, die Erziehung und Studium um sie herum aufgebaut hatten. In sensibler und reflektierender Sprache zeichnet die Autorin ihren Weg zu einer weiblichen Spiritualität nach. Ihre Erfahrungen sind typisch für viele Frauen in der Gegenwart. Das macht dieses Buch zu einem Zeitdokument.

Kreuz Verlag